KB170107

18가지

# 리더십
## 핵심역량을
개발하라

# 18가지 리더십 핵심역량을 개발하라

초판 1쇄 발행 2006년 2월 20일
초판 2쇄 발행 2011년 5월 20일

지은이  이석재
펴낸이  김건수

펴낸곳  김앤김북스
100-210  서울시 중구 수하동 40-2 우석빌딩 903호
전화 773-5133  팩스 773-5134
이메일 knk@knkbooks.com
출판등록 2001년 2월 9일 (제12-302호)

ISBN  89-89566-18-5    03320

책값은 뒤표지에 있습니다.

경영심리학자의 살아있는 리더십 코칭

# 18가지
# 리더십
## 핵심역량을
## 개발하라

| 이석재 지음 |

김앤김
북스

# 차례

## 제3부　대인관계역량 개발전략

## 제4부　전략적 관리역량 개발전략

# 들어가며

오늘날 개인들은 자기 분야에서 최고의 능력을 보유하지 않으면 지속적인 성장을 기대할 수 없다. 그러한 능력을 갖추려면 어떤 노력을 해야 할까? 이에 적절한 해답을 찾으려면, 먼저 내가 속한 조직이 필요로 하는 인재는 어떤 사람인지를 알아야 한다. 연구 결과와 컨설팅 경험에 따르면 기업은 '인성, 리더십, 직무역량'이라는 세 가지 기본 역량을 갖춘 인재를 원한다. 특히 리더십은 직급에 관계 없는 필수 역량으로 인식된다. 조직에서 지속적으로 성장하려면, 이 세 가지 요소를 체계적으로 관리해야 한다.

리더십은 조직 내에서의 위치 변화에 따라 자기 자신의 잠재력을 개발하는 자기리더십에서 조직의 비전과 전략을 제시하는 전략적 리더십으로 바뀌게 된다. 역할변화에 따른 적절한 리더십 역량을 개발하지 못한다면, 조직이 원하는 인재가 될 수 없다. 만일 주위에서 인성도 좋고 직무능력도 있다고 평가받는데도, 관리자로 선발되지 못하고 있다면 자신의 리더십을 한번 점검해 보라. 현재 관리자의 지위에 있더라도 다른 구성원과 원만한 관계를 유지하거나 변화하는 환경에 적응하기 어렵다면, 자신의 리더십을 점검해야 한다.

이 책은 리더십 개발목표를 구체적인 행동변화에 두고 있다. 자신의 강점은 더 강화하되 효과적으로 리더십을 발휘하지 못하는 원인을 분석해, 이를 해소하는 방향으로 행동변화를 이끌어 내는 게 리더십 개발의 핵심이다.

리더십 개발은 최고경영자로 성장하기를 원하는 사람에게만 해당하는 것은 아니다. '역량' 개념이 국내에 소개된 지 10년이 지난 지금, 많은 기업들은 역량을 인적자원개발의 중요한 개념으로 받아들이고 있다. 특히 인사평가, 직무배치, 인재선발, 인재개발에서는 빼놓을 수 없는 개념으로 자리를 잡았다. 그러나 대부분의 인재개발 담당자나 관리자들은 역량에 대한 개념을 이해하고는 있지만, 이를 활용하는 데는 아직도 많은 어려움을 겪고 있다.

많은 인사 담당자들는 직원의 리더십 역량을 평가할 때, 도대체 어떻게 평가해야 할지 모르겠다고 하소연한다. 직원의 업무실적 평가도 쉬운 일이 아닌데 리더십을 평가하기란 더 어렵다는 것이다. 또 인사평가 후에 직원의 리더십에 대해 피드백을 주거나 코칭을 하고 싶지만, 구체적인 방법을 몰라 주저한다. 인재개발 담당자 역시 직원의 리더십을 육성하고자 할 때, 구체적인 방법이 명확하게 그려지지 않는다고 한다.

역량 활용을 고민하는 주된 이유는, 역량과 행동 사이의 관계에 대한 인식이 부족하기 때문이다. 역량이란 행동을 통해 추론할 수 있는 인간의 내적 특성이다. 다시 말해 역량이란 시각적으로 관찰할 수 있는 게 아니다. 따라서 역량 평가를 위해서 객관적으로 행동을 관찰하고 측정할 수 있어야 한다. 또 자기 자신뿐만 아니라 타인의 역량을 이해하려면 역량과 행동의 관계에 개입하는 심리 과정에 대한 이해가 필요하다. 역량이 행동으로 표현되는 과정에 내재된 심리적 기제를 이해하면, 더 확실히 역량을 관리할 수 있기 때문이다.

이 책에서는 심리학적 기반 위에서 리더십을 발휘하는 데 필요한 18개의 핵심역량을 소개한다. 이 18개의 핵심역량은 국내외 46개 선진기업의 리더십 모델에 대한 분석을 토대로 우리나라 관리자의 역할에 맞게 도출한 것이다.

이 책은 총 4부로 구성되어 있다. 1부에서는 관리자에게 리더십이 중요한 이유와 필자가 개발한 리더십 모델을 소개하였다. 이 모델은 리더십을 효과적으로 발휘하는 데 필요한 3개의 리더십 역량 군과 18개의 핵심역량들로 되어 있다. 독자는 이 모델에 근거한 리더십 진단 도구(Effective Leadership Assessment : ELA)를 통해 자기 리더십의 강점과 약점을 확인해 볼 수 있다. 자신의 강점은 더 보강하고 약점을 강화하기 위한 자기계발 계획을 수립하고 그 실행결과를 평가하는 방법을 소개하였다. 만일 특정 리더십 역량을 개발하는 데 관심이 있는 독자라면, 바로 2부로 옮겨가도 된다.

2부에서 4부까지는 리더십을 효과적으로 발휘하는 데 핵심이 되는 인지역량, 대인관계역량, 전략적 관리역량을 개발하는 방법을 제시하였다. 각 장의 서두는 먼저 3개 역량 군에 속하는 개별적인 6개 역량별로, 해당 역량이 부족하거나 지나치게 발휘되는 때 예상되는 문제점을 간략히 지적하였다. 이어서 필자가 1000여 명의 관리자를 360도 진단하고 1 대 1 코칭이나 그룹코칭을 하면서 관찰하고 분석한 내용과 관련 문헌을 참고해, 각 역량이 효과적으로 발휘되지 못하는 원인을 심리학적으로 분석하여 제시하였다.

　각 장의 끝부분에는 해당 역량을 개발하는 데 도움이 되는 구체적인 실천행동 프로그램을 제시하였다. 리더십 행동을 변화시키고자 한다면 예시된 각 행동을 주도적으로 실천해 보길 권한다. 마지막으로 리더십 개발계획에 따라 리더십 행동을 변화시키는 과정에서 참고할 5가지 조언을 에필로그에 담았다. 리더십을 개발하는 것은 결국 자기 자신과의 싸움이다. 또 리더십을 개발하기 위해서는 행동 변화와 더불어 의식 변화도 함께 이루어져야 한다.

　이 책은 국내에서는 처음으로 리더십 역량에 내재한 심리학적인 원리를 근간으로 리더십 개발방법을 제시하고 있다. 심리학적 전문용어를 부득이 사용해야 할 경우를 제외하고는 독자가 이해하기 쉬운 용어를 사용하였다. 여러 차례 퇴고를 했음에도 기대와 의욕에는 아직 미치지 못하지만, '변화를 위한 도전'이라 생각해 졸고를 정리하여 출간한다. 앞으로 독자 여러분의 건설적인 지적과 제언을 수렴해 보완할 것을 약속한다. 모쪼록 이 책이 독자 여러분이 리더십을 효과적으로 개발하는 데 작으나마 도움이 되었으면 한다.

명일동 연구실에서

| 제1부 |

# 효과적 리더십 모델

Leadership

# 리더십

이 조직뿐만 아니라 개인의 성장에 핵심적인 요소로 떠오르고 있다. 이제 자신의 리더십 수준을 객관적으로 진단하여 강점은 더욱 강화하고, 약점은 조속히 보강하는 체계적인 노력이 요구된다. 흔히 리더십을 타고난 자질로 생각하지만, 연구에 의하면 리더십은 학습되고 개발될 수 있다고 한다.

제1부에서는 국내외 선진기업이 보유한 리더십 모델을 분석해 만든 효과적 리더십 모델과, 각자의 리더십을 객관적으로 진단할 수 있는 한국형 리더십 진단도구에 대해 설명한다. 여러분은 자신의 리더십 진단 결과를 가지고 이 책에서 소개하는 4단계 리더십 개발 과정을 따라간다면, 효과적으로 리더십을 개발할 수 있을 것이다.

# 1장

## 효과적 리더십 모델의 구조

"역량이란 타고나는 것이라기보다는
사회적 요구에 적응하기 위해 형성되는 사회적 산물이다."

– 존 오그John Ogbu, 사회문화 인류학자

오늘날의 기업환경은 무한경쟁의 전쟁터와 같다. 이러한 환경은 직급에 관계 없이 조직의 모든 구성원들에게 그 어느 때보다도 뛰어난 리더십을 요구하고 있다. 필자는 국내외 기업들이 요구하는 리더십 역량을 조사 분석하고, 그중에서 핵심적인 역량들을 선별하여 '효과적 리더십 모델(Effective Leadership Model : ELM)'을 만들었다. 이 장에서는 개인의 구체적 행동변화에 초점을 맞춰 리더십을 개발하는 효과적 리더십 모델을 소개한다. 또한 여러분 스스로 리더십 진단지를 활용해 리더십 역량을 객관적으로 진단해 보고 자신의 리더십 강점과 약점을 파악할 수 있게 한다.

## 선진기업의 리더십 모델 분석

효과적인 리더십의 필수 역량은 무엇인가? 이것을 알아내기 위해 필자는 선진기업들이 사용 중인 다양한 리더십 모델을 분석했다. 기업들은 관리자가 갖추어야 할 역량을 도출하기 위해 리더십 역량 모델링을 하는데, 기업의 리더십 역량 모델을 분석하면 그 회사의 조직문화와 경영전략에 맞는 리더십 행동이 무엇인지를 알 수 있다. 그리고 더 나아가서는 국내기업들이 보편적으로 요구하는 리더의 역량과 행동을 규명할 수 있다.

필자는 많은 국내외 기업들의 리더십 모델 자료를 수집하였다. 국내기업의 경우 자료수집 대상은 국내 매출규모에서 100위 안에 드는 기업들을 대상으로 하였다. 조사대상에는 정보통신, 정보기술, 금융, 서비스, 제조, 교육분야 등의 주요 산업 분야의 기업들이 포함되었다. 국내기업은 자료수집의 어려움이 있어 20개 기업이 포함되었다.

외국기업의 리더십 모델도 함께 분석되었는데, 외국기업은 26개 기업의 자료를 대상으로 했다. 외국기업의 리더십 모델은 외국 컨설팅회사나 해당 기업이 인터넷에 제공하는 자료를 참고했다. 조사 대상의 대부분은 미국계 기업이었다.

국내외 기업의 리더십 모델은 대부분 10개 안팎의 역량들이 위계적으로 구조화되어 있다. 그리고 역량을 서로 비교해 보면, 어떤 기업에서는 상위에 속하는 역량이 다른 기업에서는 하위에 속하기도 했다. 다시 말해 기업마다 리더십 역량들이 다른 구조를 갖고 있었다. 따라서 필자는 리더십 역량의 빈도를 기준으로 자료를 정리했다. 또 역량을 분류하는 과정에서 개념적으로 비슷한 것은 하나로 통일된 명칭을 사용하여 정리했다.

조사에서는 국내외 기업의 리더십 모델에 포함된 역량들을 빈도수를 기준으로 1위에서 30위까지 정리하였다. 리더십 역량들의 우선순위는 국내기업과 외국기업 간에 차이가 있었고, 1위에서 30위까지는 15개가 중복되었다.


## 효과적 리더십 모델

필자는 국내외 기업들의 리더십 모델들을 조사하여 공통적인 리더십 역량을 추출한 다음, 이 중 18개 핵심역량을 선별하여 효과적 리더십 모델을 만들었다. 효과적 리더십 모델에서 이들 핵심 역량들은 기능적 속성에 따라 다시 3개의 역량 군, 즉 인지역량, 대인관계역량, 전략적 관리역량으로 나누었다. 이들 3개의 역량 군은 다시 각각 6개의 하위역량들로 이루어져 있다. 이 장에서는 먼저 각 역량 군 내에 포함된 개별 역량들이 다른 역량들과 맺는 기능적 관계를 살펴본다. 역량 사이의 기능적 관계를 명확히 이해하는 것은 효과적 리더십 개발을 위한 기초과정이다.

### 인지역량

인지역량은 개인이 외부환경과 상호작용하는 과정에서 그 환경을 어떻게 지각하고 이해하며 수용할 것인지를 결정한다. 여기서 외부환경이란 물리적 여건뿐만 아니라 타인, 조직이나 제도 등을 포함하는 광의의 환경을 말한다. 인지역량은 주로 개인의 내적 특성에 결정적인 영향을 받는다. 개인이 지닌 가치관, 신념, 태도, 사회적 경험에 따라 타인의 말과 행동, 환경변화에 대한 해석이 다르기 때문이다. 그 해석에 따라 대응도 달라지게 마련이다.

개인의 이러한 인지활동은 체계적, 구조적으로 이루어지는데, 이는 사회화 과정을 통해 형성된 인지구조 때문이다. 인지구조는 인식 틀과 같은 것으로서 이는 우리가 세상을 보는 창과 같은 역할을 한다.

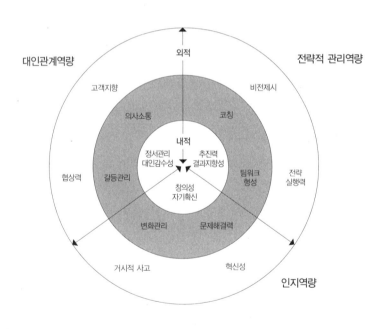

[그림 1] 효과적 리더십 모델의 구조

어떤 색안경을 끼느냐에 따라 세상이 다른 색으로 보이는 것과 마찬가지로 개인의 인지역량에 따라서 보는 것과 대처하고 적응하는 방식들이 달라진다.

인지역량은 개인의 창의성과 자기확신에서 시작된다. 창의성은 인지활동의 시작이며, 자기확신은 창의적 활동의 결과물에 대한 외부의 피드백에 의해 형성된다. 창의적 활동의 결과가 긍정적이면 자기확신은 강해지고, 부정적이면 자기확신은 떨어진다. 자기확신의 정도에 따라 일의 추진력이 달라진다. 이러한 인지역량은 환경변화에 대응하고, 문제를 해결하고, 거시적인 시각으로 사물을 이해하는 역량으로 확대된다.

인지역량에 속하는 6개의 개별 역량들은 독립된 것이 아니라 기능적으로 서로 연관되어 있다. 창의적 사고는 변화를 지각하는 데 작용한다. 또 창의적 인지활동은 당면 문제를 해결하고, 경영목표에 기여할 수 있는 혁신을 이끌어내기도 한다. 리더십 역량이 뛰어난 관리자는 그렇지 못한 관리자보다 더 많은 인지역량을 발휘한다.

## 대인관계역량

대인관계역량은 타인과 맺는 관계에서 작용한다. 타인은 리더십 발휘의 대상이며 그 리더십 효과를 결정한다. 성과지향적인 관리자는 직원을 성과창출을 위한 수단으로 보는 경향이 있다. 그들은 직원 입장을 배려하고 개방적인 대화를 하기보다는 높은 성과를 내는 데만 관심을 보인다.

창의적 리더십 센터(CCL)에서는 대인관계에서 발생한 문제를 다루는 기술이 부족한 관리자는 지속적인 성장을 기대할 수 없다는 연구 결과를 발표했다. 조직에서 개인의 지위가 올라가고 역할이 중요해질수록 인간관계가 차지하는 비중은 더 높아진다. 관리자의 가장 중요한 역할은 조직 내의 직원, 고객, 기타 이해관계자들 사이에 신뢰와 협력적 관계를 구축하고, 이를 지속적으로 유지하는 것이다. 그러나 많은 관리자들은 이를 명확히 이해하고 있지 못하며, 특히 직원과의 관계를 효과적으로 관리하지 못한다.

대인관계를 원만히 형성하고 유지하려면 대인감수성과 정서관리 능력은 기본이다. 리더십이 뛰어난 관리자는 감정이입을 통해 타인을 이해하고 자신의 감정을 조절하는 능력이 우수하다. 그리고 감정이입과 정서관리를 제대로 하지 못하면, 의사소통이나 갈등관리도 어렵다. 효과적으로 갈등을 관리하고 자유로운 의사소통이 이루어질 때, 고객 입장을 우선적으로 고려한 의사결정을 내릴 수 있고 합리적인 협상도 가능하다.

대인관계역량에 속하는 각각의 역량들은 서로 밀접한 연관이 있다. 관리자의 리더십을 360도 진단하였을 때, 공통적으로 나타나는 현상이 있다. 즉 정서관리 능력과 대인감수성이 낮은 관리자나 자신과 타인의 의견차이가 큰 관리자일수록 의사소통 수준도 낮았다. 이는 자기중심적 사고 때문에 타인의 피드백을 받아들이지 못하는 것이다. 리더십 강화를 위해서는 대인관계역량들의 균형 있는 발전이 필수요소다.

### 전략적 관리역량

오늘날 조직은 관리자에게 리더의 역할을 요구한다. 워런 베니스

(Warren Bennis)는 관리자와 리더의 차이를 이렇게 표현했다. "훌륭한 관리자는 일을 제대로 마무리하지만, 리더는 적합하고 필요한 일을 한다(a good manager does things right. A leader does the right things)." 적합하고 필요한 일을 한다는 것은 조직의 비전과 목표, 계획, 방향성에 가장 부합하는 일을 한다는 뜻이다.

관리자는 단순한 관리 차원을 넘어 조직의 비전과 목표를 제시해야 한다. 또 결과지향적 사고능력을 갖추어야 한다. 목표달성을 위해 팀워크를 구축하고, 팀원들을 코칭하는 능력도 발휘해야 한다. 비전을 명확히 제시하는 관리자는 팀워크를 잘 활용하여 직원들의 잠재력을 최대한 발휘할 수 있도록 돕는다. 더불어 목표달성을 위해 위험을 감수할 줄 아는 추진력도 발휘해야 한다.

뱃사공은 배를 앞으로 가도록 하기 위해 왼쪽과 오른쪽의 노를 번갈아 젓는다. 만일 한쪽 노를 지나치게 많이 저으면 배는 궤도를 벗어나게 된다. 대인관계역량과 전략적 관리역량은 두 개의 노와 같다. 만일 관리자가 둘 중 어느 한 역량에 치우치면, 리더십의 효과는 떨어진다. 전략적 관리역량에 치중한 관리자는 조직에서 좋은 성과를 낼지는 몰라도 직원들의 지지를 받지 못할 수 있다. 이런 관리자는 타인과의 관계를 일 중심으로만 형성한다. 반면 관리자가 대인관계역량에 치우치면 조직의 분위기가 부드러워지고 직원들에게 자율성이 부여되므로 일할 맛이 나는 듯하지만, 일의 성과가 떨어질 수 있다. 다시 말해 두 역량 군을 균형 있게 발휘해야 리더십 효과가 높아진다.

## 리더십 개발전략

리더십을 효과적으로 발휘하는 관리자들을 보면, 이들 3개 역량 군(인지역량, 대인관계역량, 전략적 관리역량)을 모두 잘 발휘된다. 이들 역량 군은 개념적으로는 독립되어 있지만 기능적으로는 연계되어 있다. 또 각 역량 군 안에 있는 개별 역량들도 통계적으로 유의미한 상관성을 보인다.

리더십을 효과적으로 발휘하는 관리자는 역량들의 기능적 관계를 잘 활용한다. 역량들 사이의 기능적 관계를 잘 이해할수록 관리자의 리더십은 더 높은 효과를 발휘한다. 따라서 효과적 리더십 모델의 기능적인 관계를 이해할 때, 관리자는 자신의 리더십을 어떻게 개발해야 할지 알게 될 것이다. 이 모델의 특징을 통해 리더십 개발전략을 살펴보면 다음과 같다.

• 효과적인 리더십 행동들은 효과적 리더십 모델([그림 1] 참조)에서 보듯이 3개의 역량 군으로 묶을 수 있다. 각 역량 군에 속한 하위역량들을 개발하면 해당 역량 군의 리더십 효과를 향상시킬 수 있다.

• 동일 역량 군의 역량들이 기능적으로 연계될 때, 해당 리더십 효과는 더 높아진다. 예를 들면 인지역량에서 관리자의 창의성이 문제해결에 발휘되고, 이를 통해 혁신을 이끌면 경영기여도가 높은 가치를 창출할 수 있다.

• 3개 역량 군의 가장 중심에 있는 6개의 역량은 리더십을 발휘하는 데 가장 기본이 되는 핵심역량이다. 이들 역량을 균형 있게 개발하지 않으면, 편향된 리더십이 나타난다. 예를 들면 창의성과 자기확신(인지역량)만 개발하면 자기중심적인 리더십을 발휘한다. 또 추진력과 결과지향성(전략적 관리역량)만 개발하면 성과중심으로만 조직을 이끌기 쉽다. 정서관리와 대인감수성(대인관계역량)만 개발하면 조직 분위기는 긍정적이지만 성과가 낮게 나타난다.

• 동심원을 중심으로 같은 고리에 속하는 역량들이 서로 연계되어 발휘될 때, 안정적이고 효과적인 리더십을 발휘할 수 있다. 예를 들면 혁신성과 거시적 사고를 지녀야 비전을 제시할 수 있고, 전략의 실행 방향을 제시할 수 있다. 또 고객요구의 변화를 간파하여 새로운 고객 요구를 개발하며, 효과적으로 협상을 주도할 수 있다.

• 동심원의 중심으로 갈수록 관리자의 내적 특성에 영향을 많이 받고, 밖으로 갈수록 타인과 조직 등의 외부요인과 관련한 역량이 발휘된다. 따라서 외부 요구에 성공적으로 대응하려면 동심원의 가장자리에 있는 역량들을 효과적으로 발휘해야 한다.

• 직급이 높을수록 필요한 리더십 역량도 동심원에서 바깥으로 확대된다. 직급이 낮을수록 동심원 주위에 있는 3개 역량 군에 속하는 6개 역량이 중요하다. 임원과 같은 고급관리자에게는 동심원의 가장자리에 있는 3개 역량 군에 속하는 6개 역량이 더 중요하다. 따라서 효과적

인 리더십을 발휘하는 고급관리자는 18개 역량을 골고루 갖추게 된다.

• 직급이 높을수록 필요한 리더십 역량의 순서는 '인지역량 → 대인
관계역량 → 전략적 관리역량'이다. 그러나 각 역량 군의 상대적인 중
요도는 조직 특성에 따라 차이가 있다.

• 리더십의 효과는 3개 역량 군을 균형 있게 개발할 때 가장 크게 나
타난다. 리더십 진단결과와 인사평가 결과를 비교해 보면, 리더십 수
준이 높은 사람은 낮은 사람보다 인사평가 점수가 더 높다.

# 2장

## 리더십 진단과 개발 과정

"바람직한 리더의 특징은
기꺼이 새로운 행동을 실천하겠다는 의지를 보이는 것이다."

– 배리 포스너Barry Posner, 『리더십 챌린지』의 저자

촉박한 시간 안에 해결해야 할 과제가 주어졌을 때, 당신은 대체로 어떤 모습을 보이는가? 대부분의 사람들이 시급히 과제를 해결해야 한다는 초초함에 서두를 것이다. 이런 모습은 1년 전이나 지금이나 거의 변함이 없다. 과제를 수행하면서 우리는 비슷한 문제에 부딪히고, 또 문제해결법을 찾느라 시간을 소비한다. 직급에 관계없이 리더십을 발휘하는 데 있어서도 비슷하다. 문제해결 과정에서 이전 방식을 벗어나지 못하고, 상사나 부하직원과 엇비슷한 문제로 늘 갈등을 겪는다. 또한 작년과 비슷한 이유로 실적 달성에 실패한다.

도대체 무엇이 문제인가? 주된 원인은 어느 상황에서나 일관된 행동

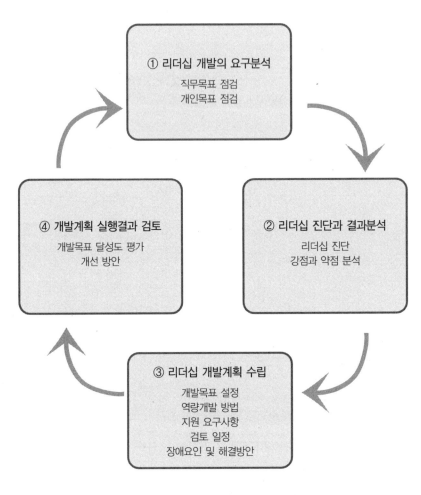

**① 리더십 개발의 요구분석**

직무목표 점검
개인목표 점검

**② 리더십 진단과 결과분석**

리더십 진단
강점과 약점 분석

**③ 리더십 개발계획 수립**

개발목표 설정
역량개발 방법
지원 요구사항
검토 일정
장애요인 및 해결방안

**④ 개발계획 실행결과 검토**

개발목표 달성도 평가
개선 방안

**[그림 2] 리더십 개발의 4단계 과정**

동을 할 수 있도록 자신의 행동을 구조화해 놓지 않았기 때문이다. 직무경험, 영감, 직관 등은 어떻게 행동하는 게 적절한지 방향을 제시하기도 하지만, 일관된 행동에 대한 정보를 주지는 않는다. 관리자의 리더십 행동은 일관성이 있어야 한다. 리더십 행동이 일관성을 지니려면 효과적인 리더십 모델과 자신의 행동을 비교 분석하고, 그 격차를 줄이는 노력이 필요하다.

리더십 개발은 일회적으로 끝나는 게 아니라 전략적으로 계획하고 목표달성 시점까지 꾸준히 추진해야 한다. 리더십 개발에 성공하려면 [그림 2]의 4단계 과정을 따라 해보자. 효과적인 리더십이란 당면 상황에 가장 적합한 역량을 발휘해 문제를 해결하는 것이다. 1장의 리더십 진단 결과에 따라, 2장에서는 나한테 부족한 리더십 역량을 개발하고 평가하는, 구조화된 과정을 따라가 보길 제안한다.


## 리더십 개발의 요구분석

리더십 개발을 위해서 먼저 왜 그것을 개발할 필요가 있는지 생각해 보는 게 중요하다. 다시 말해 리더십을 개발하여 얻고자 하는 바가 무엇인지를 명확하게 정의하고 넘어가는 것이다. 리더십 개발은 목표지향적이고 전략적인 활동이다. 따라서 리더십 개발의 필요성과 그 필요성에 대한 당신의 생각을 더 구체화해야 한다. 리더십 개발 요구는 〈표 1〉에서 보듯 자신이 담당하는 직무목표와 개인적인 자기성장 목표의 관점에서 생각해 볼 수 있다.

직무목표와 개인의 목표는 향후 6개월 안에 달성하고자 하는 내용을 중심으로 생각한다. 직무목표를 선정할 때는 조직의 관점에서 생각하고 판단하는 게 중요하다. 왜냐하면 당신에게 어떤 리더십 역량이 필요한지는 조직의 사업전략, 사업과제, 조직이 부여한 역할과 임무에 따라 결

| 추구하는 목표 | 필요한 리더십 역량 | 우선적으로 필요한 역량 |
|---|---|---|
| 직무목표 | | |
| 개인목표 | | |

〈표 1〉 리더십에 대한 요구분석

정되기 때문이다. 만일 당신이 관리자로서 직원을 코칭해야 한다면 직원의 직무목표와 직원의 개인적 목표가 균형을 이루도록 지원해야 한다.

- 직무목표 : 자신의 현재 역할을 성공적으로 수행하기 위해 중요한 일이 무엇인가? 우선순위가 가장 높은 것부터 차례대로 두세 개를 적는다.
- 개인목표 : 현재 자신이 성취하고자 계획하고 있으며, 목표가 달성 된다면 가장 만족감을 주는 일은 무엇인가? 우선순위가 가장 높은 것부터 차례대로 두세 개 정도만 적는다.

다음에는 목표를 성공적으로 달성하는 데 필요한 리더십 역량이 무 엇인지 기록해 본다. 리더십은 목표달성을 위한 전략적 수단이다. 직 무목표 달성을 위해 당신이 필요하다고 생각하는 리더십 역량은 무엇인가? 개인적 목표 달성을 위해 어떤 리더십 역량이 필요하다고 생각하는가? 이 질문에 대해 떠오른 역량을 기록한다.

필요한 리더십 역량이라고 기록한 것 중에서 가장 먼저 필요한 역량이 무엇인지 생각한다. 만일 필요한 리더십 역량 가운데 중복되는 것이 있다면, 당신에게 현실적으로 중요한 역량이고 우선적으로 필요한 역량이다. 당신의 주관적인 판단에 따라 가장 우선순위가 높은 것을 두세 개 선정하여 맨 오른쪽 빈칸에 기록하도록 한다. '우선적으로 필요한 역량'으로 정리한 역량은 조직의 비즈니스 측면과 자신의 성장 측면을 종합해 앞으로 시급히 갖추어야 할 역량이다.


## 리더십 진단과 결과분석

어떤 리더십 역량이 나에게 필요한지 알았으면, 이제 당신의 리더십이 과연 어느 수준인지 알아볼 차례다. 다음의 '효과적 리더십 진단 (Effective Leadership Assessment : ELA)' 도구는 관리자에게 공통적으로 필요한 역량을 진단하기 위해 앞장에서 제시한 효과적 리더십 모델을 기초로 개발한 것이다. 이 진단도구의 신뢰도와 타당성은 국내기업에 근무하는 관리자를 대상으로 검증하였다. 이 리더십 진단을 통해 리더십 수준이 높게 나타난 관리자는 낮게 나타난 관리자보다 인사평가에서 더 높은 평점을 받았다. 여기에서 제시한 진단도구는 36개 문항으로 된 단축형(ELA-Form S)이다. 독자는 다음의 지시에 따라 자신의 리더십을 진단해 볼 수 있다.

다음 각 문항은 관리자가 직무를 수행하면서 보이는 리더십 행동을 서술한 것입니다. 당신은 평소 각각의 행동을 어느 정도 보이는지 생각해 보십시오. 당신의 의견과 일치하는 정도를 나타내는 숫자를 각 문항의 응답란에 기입하십시오. 적은 숫자일수록 당신의 의견과 다른 것이고, 큰 숫자일수록 당신의 의견과 일치하는 것입니다.

1. ____ 상대방의 성격과 개성에 맞추어 상대해 준다.

2. ____ 당면한 문제나 복잡한 상황을 처리하기 쉬운 영역으로 세분화한다.

3. ____ 팀원의 기여도를 인정해 각자의 역할에 자부심을 느끼게 한다.

4. ____ 업무진행 단계마다 필요한 의사결정을 결단력 있게 한다.

5. ____ 자신에게 주어진 과제를 완수할 수 있는 능력이 있음을 보여 준다.

6. ____ 실행 가능한 단계별 세부목표를 설정하고 달성 정도를 지속적으로 점검한다.

7. ____ 공유해야 할 사항이나 중요한 회의결과를 직원에게 정확히 전달한다.

8. ____ 직원의 직무수행 능력에 맞게 과제를 부여하고 권한도 위임한다.

9. ____ 회사의 이익을 위해서 회사 내외의 관계자들과 합의를 이끌어 낸다.

10. ____ 다른 사람과 의견충돌이 있을 때 자신의 입장을 분명하게 말한다.

11. ____ 고객의 의견을 수렴하여 제품이나 서비스의 질을 높이는 데 활용한다.

12. ____ 갈등 당사자들이 서로 실익을 얻을 수 있는 타협점을 찾아 제시한다.

13. ____ 상황이 좋지 않더라도 감정을 즉흥적으로 드러내지 않는다.

14. ____ 결정 사항이 직원이나 업무에 어떠한 영향을 미칠지 폭넓게 고려한다.

15. ____ 자신의 생각을 상대방이 지지하거나 수용하도록 설득력 있게 말한다.

16. ____ 일시적인 해결보다는 문제의 원인을 파악하여 근본적으로 문제를 해결한다.

17. ____ 고객의 관점에서 시장상황을 분석하고 결과를 사업전략에 반영한다.

18. ____ 담당 부서의 성과를 향상시키기 위한 계획과 전략을 구체적으로 제시한다.

19. ____ 사적인 이해관계보다는 함께 일한다는 마음을 갖게 직원을 격려한다.

20. ____ 도전적 목표를 설정하고 구체적인 목표달성 지표를 직원에게 알린다.

21. ____ 이해관계자들의 입장을 균형 있게 고려하여 모두가 만족할 만한 결정을 이끌어 낸다.

22. ____ 직원들의 약점과 문제점을 확인하고 자기계발을 하도록 돕는다.

23. ____ 관행을 따르기보다 새로운 업무수행 방식을 도입하여 개선을 시도한다.

24. ____ 왜 변화가 필요한지 직원들이 알 수 있도록 관련 정보를 제공한다.

25. ____ 새롭고 독특한 아이디어로 곤란한 상황을 돌파한다.

26. ____ 갈등 당사자의 의견을 충분히 듣는다.

27. ____ 직원들의 관심을 유도할 수 있는 긍정적인 비전과 목표를 제시한다.

28. ____ 혼란스런 상황에서도 다양한 관점에서 문제를 분석하고 원인을 찾는다.

29. ____ 직원들이 조직변화에 동요하지 않고 적응할 수 있도록 도와준다.

30. ____ 칭찬과 독려를 활용하여 일에 대한 직원들의 열정을 이끌어 낸다.

31. ____ 직원들이 업무를 수행하면서 느끼는 문제에 대해 해결책을 찾도록 도

와준다.

32. ___ 틀에 갇힌 사고를 하기보다 유연하게 생각하며 독창적인 아이디어를
낸다.

33. ___ 타인을 잘 이해하고 타인과 쉽게 친밀감을 형성한다.

34. ___ 성장과 수익성을 고려하여 실행할 수 있는 사업안을 만들어 낸다.

35. ___ 상대방이 좌절하거나 의기소침하지 않도록 도와준다.

36. ___ 회사의 비전과 전략에 부합하는 업무목표를 설정하고 이를 직원들과
공유한다.


이상의 리더십 진단 문항에 모두 응답을 하였으면, 다음의 〈표 2〉에
서 3개 역량 군에 속한 역량에 해당하는 문항을 찾아서 응답한 숫자를
점수란에 기입한다. 기록을 마쳤으면 각 역량별로 해당 점수의 합을
오른편 끝에 있는 합계란에 기입한다.

그 다음에는 효과적 리더십 진단 결과를 토대로 리더십의 강점과 약
점이 무엇인지 확인하고 그 시사점을 찾아본다. 여기서 리더십의 강점
과 약점은, 한 개인의 리더십을 기준으로 상대적인 수준을 보여 주는
것이다. 즉 자기 자신의 리더십 내에서 역량의 수준을 서로 비교해 보
는 것이다. 다른 관리자들의 리더십 수준과 비교하거나 360도 진단을
하고자 한다면 전문가의 도움이 필요하다.

• 먼저 역량 점수의 합이 가장 큰 것부터 5개를 선정한다. 이들 역량
이 강점이다.

| 구분 | 역량 | 문항 | 점수 | 문항 | 점수 | 합계 |
|---|---|---|---|---|---|---|
| 인지역량 | 창의성 | 25 | | 32 | | |
| | 자기확신 | 5 | | 10 | | |
| | 변화관리 | 24 | | 29 | | |
| | 문제해결력 | 2 | | 16 | | |
| | 거시적 사고 | 14 | | 28 | | |
| | 혁신성 | 23 | | 34 | | |
| 대인관계역량 | 정서관리 | 13 | | 35 | | |
| | 대인감수성 | 1 | | 33 | | |
| | 의사소통 | 7 | | 15 | | |
| | 갈등관리 | 12 | | 26 | | |
| | 고객지향 | 11 | | 17 | | |
| | 협상력 | 9 | | 21 | | |
| 전략적 관리역량 | 추진력 | 4 | | 30 | | |
| | 결과지향성 | 6 | | 20 | | |
| | 코칭 | 22 | | 31 | | |
| | 팀워크 형성 | 3 | | 19 | | |
| | 비전제시 | 27 | | 36 | | |
| | 전략실행력 | 8 | | 18 | | |

〈표 2〉 리더십 진단 점수 집계표

- 다음 역량 점수의 합이 가장 작은 것부터 5개를 선정한다. 이들 역량이 약점이다.
- 강점과 약점으로 나타난 역량이 속한 역량 군을 확인한다.
- 3개 역량 군의 종합점수를 비교하고 어느 역량 군이 가장 점수가 낮은지를 본다.

리더십 진단결과를 개발이라는 관점에서 해석할 때, 어느 것을 개발 대상으로 할 것인지에 대해서는 논란이 있을 수 있다. 즉 강점으로 나타난 리더십 역량을 더욱 발휘하여 리더십의 효과를 높일 것인지 아니면 약점으로 나타난 리더십 역량을 육성하여 리더십의 효과를 높일 것인지를 선택해야 한다. 이에 대한 판단은 어떤 관점에서 리더십에 접근하느냐에 따라 달라질 수 있다.

리더십을 진단할 때 사용하는 역량들이 조직목표를 달성하는 데 전략적으로 중요한 역량이라면, 관리자는 필요한 역량을 균형 있게 육성할 책임이 있다. 그러나 기업의 리더십 모델이나 계층에 따라서 역량의 중요성은 달라질 수 있다. 위에서 강점과 약점으로 나타난 각각의 5개 역량에 대해 당신이 예상한 것인지 예상하지 못한 것이었는지를 판단하여 다음의 〈표 3〉에 있는 해당 빈칸에 기록한다.

이 분석에서 가장 먼저 육성해야 할 역량은 ①에 속하는 것이다. 당신의 약점임에도 그동안 약점으로 작용하고 있다고 전혀 예상하지 못한 것이다. 다시 말하면 잠재된 약점(blind spot)이다. 이러한 약점이 많을수록 리더십을 발휘하는 상황에서 문제점이 생길 때, 자신이 아닌 타인이나 환경에 의해 문제점이 생긴 것으로 생각할 수 있다. 이러한 해석은 결과적으로는 타인과 시각의 차이를 가져오고, 경우에 따라서는 갈등을 일으키기도 한다.

그 다음 육성 대상은 ②에 속하는 역량이다. 이것은 당신이 이미 약점으로 인지하고 있는 것이기에, 이전의 경험을 통해서 이로 인한 문제점을 알고 있을 가능성이 높다. 그리고 적절한 대응책도 마련했을

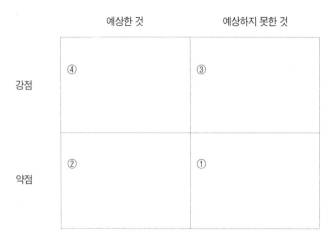

|  | 예상한 것 | 예상하지 못한 것 |
|---|---|---|
| 강점 | ④ | ③ |
| 약점 | ② | ① |

〈표 3〉 리더십의 강점과 약점 분석

것이다. 따라서 약점을 강점으로 바꾸는 데 걸림돌이 되는 요소들을 찾아서 그것을 제거하는 것이 중요한 학습 내용이다.

강점으로 나타난 역량 가운데 ③에 속한 역량은, 자기 스스로 강점임을 전혀 몰랐던 역량이다. 다시 말해 숨겨진 강점(hidden strength)에 해당한다. 이 영역에 속하는 역량에 대해서는 더 긍정적인 생각으로 적극적으로 발휘하고자 하는 노력이 필요하다.

앞서 논의하였듯이 ④에 속하는 역량은 지금은 강점으로 작용하지만, 자신의 역할을 성공적으로 수행하기 위해 필요한 수준인지 점검해야 한다. 또 조직환경이나 자신의 역할에 변화가 오고 직무 범위가 넓어지면서 약점이 될 수도 있다는 점에 유의해야 한다. 효과적인 리더십 발휘란 자신의 리더십 수준을 명확히 이해하고, 강점으로 예상하는 역량들을 자신의 통제범위에 두고 효과적으로 활용하는 것이다. 전반적으로 육성 방향은 약점으로 나타난 역량의 경우, ① → ② → ④ →

'강점을 더욱 강화' 하고, 강점으로 나타난 역량은 ③ → ④ → '강점을 더욱 강화' 하는 방향으로 전개된다.


## 리더십 개발계획 수립

이제 당신은 어떤 리더십 역량을 가장 먼저 개발해야 할지 알게 되었다. 이 단계에서 해야 할 일은 육성 대상을 최종적으로 선정하고, 어떻게 강점으로 개발할 것인지 구체적인 계획을 세우는 일이다. 먼저 육성 역량을 최종 선정하는 방법과 절차를 알아보자. 여기서는 약점에 속하는 역량을 강점이 되도록 개발하는 데 중점을 두겠다.

개발할 역량은 약점으로 선정한 5개 역량 가운데 두세 개를 우선 대상으로 한다. 앞서 리더십에 대한 요구분석을 할 때, 〈표 1〉에서 '우선적으로 필요한 역량'으로 선정한 역량을 확인한다. 여기에 기록된 역량이 〈표 3〉에서 ①에 속하는 역량인지 확인해 본다. 동일한 역량이 있으면 그 역량을 육성 대상으로 한다. 만일 동일한 것이 없으면 ①에 속하는 역량에서 두세 개의 역량을 선정한다. ①에 속하는 역량이 없으면, ②에 속하는 역량에서 선정한다.

위와 같은 방법으로 개발할 역량을 최종 선정하였으면, 〈표 4〉 리더십 개발계획서 양식의 '개발 요구 역량'에 선정한 것을 기록한다. '개발목표'에는 역량을 개발함으로써 얻고자 하는 바가 무엇인지 기술한다. '역량개발 방법'을 작성할 때, '세부 개발 활동'에는 역량을 향상하기 위해 구체적으로 부족한 행동을 어떻게 변화할 것인지 적는다.

# 리더십 개발계획서

작성일 :    년    월    일
작성자 :

| 개발 요구 역량 | 개발목표 | 역량개발 방법 | | 지원 요구사항 | 검토일정 |
|---|---|---|---|---|---|
| | | 세부 개발 활동 | 실행 일정 | | |
| | | | | | |
| | | | | | |

| 목표달성 장애요인 | 장애요인 해결방안 |
|---|---|
| | |
| | |

〈표 4〉 리더십 개발계획서 양식

역량 개발을 위한 세부활동으로는 적절하고 효과적인 방법을 택하는 것이 중요하다. 구체적인 실행 기간은 2주 단위로 설정하고, 계획을 실행하는 데 지원이 필요하다면 누구에게 지원 받을 수 있는지 정한다. 검토 일정은 2주 단위가 좋다. 역량 개발의 방해 요인을 파악하고, 해결을 위한 구체적 방안을 찾아 '지원 요구사항'에 기록한다. 리더십 개발계획 작성 시에는 코치의 도움을 받을 수 있다.

교육을 하면서 이 진단과 리더십 개발계획서를 사용할 경우 2부를 작성해서 1부는 본인이, 또 다른 1부는 인재개발 담당부서가 보관하도록 한다. 본인 이외에 관련부서에서 개발계획서를 보관하는 이유는 개발계획 진행을 지원하기 위한 기초자료로 활용하고, 실행계획 종료 후 결과를 평가하기 위한 자료로 쓰기 위한 것이다. 이러한 접근은 리더십을 개발하려는 당사자의 참여와 몰입을 유도하는 데 효과적이다.


## 개발계획 실행결과 검토

리더십 역량 개발계획을 세웠다면, 이를 지속적으로 실행하는 것이 중요하다. 하지만 이는 말처럼 쉬운 일이 아니다. 따라서 계획을 꾸준히 실천하기 위해 중간 검토와 최종 검토를 받을 필요가 있다. 검토 방법에는 형식적 검토와 비형식적 검토가 있다.

형식적 검토는 관리와 통제가 많이 개입된 검토다. 이러한 방식은 인재개발 담당부서에서 리더십 향상과 관련해 성과목표와 실시기간 및 지원범위 등을 정해 놓고 주기적으로 리더십의 변화 정도를 검토하는

리더십 개발계획 실행평가

작성일 :　　년　　월　　일
작성자 :

| 본인평가 | | | | 상사평가 |
|---|---|---|---|---|
| 개발목표 | 개발목표 달성정도 | 목표달성 실패원인 | 보완방안 | 개발목표 달성정도 |
| | ☐ 매우 미흡<br>☐ 미흡<br>☐ 보통<br>☐ 우수<br>☐ 매우 우수 | ▪<br><br>▪<br><br>▪ | ▪<br><br>▪<br><br>▪ | ☐ 매우 미흡<br>☐ 미흡<br>☐ 보통<br>☐ 우수<br>☐ 매우 우수 |
| | ☐ 매우 미흡<br>☐ 미흡<br>☐ 보통<br>☐ 우수<br>☐ 매우 우수 | ▪<br><br>▪<br><br>▪ | ▪<br><br>▪<br><br>▪ | ☐ 매우 미흡<br>☐ 미흡<br>☐ 보통<br>☐ 우수<br>☐ 매우 우수 |

| 본인 종합 의견 | 서명 | 상사 종합 의견 | 서명 |
|---|---|---|---|
| | | | |

〈표 5〉 리더십 개발계획 실행평가 양식

것이다. 이 방식은 대개 상사가 검토의 책임을 지고, 인재개발 담당부서는 지원 역할을 맡는다.

리더십 변화 정도를 파악하기 위한 일반적인 방법은 사전 진단(1차 진단) → 육성이 필요한 역량에 대한 교육 또는 코칭 실시 → 사후 진단 (2차 진단)의 형식을 취한다. 진단 방법은 진단 대상자의 상사, 동료, 직원의 의견을 반영하는 360도 진단을 활용하는 방법이 일반적이다. 사전 진단과 사후 진단의 시간 간격은 최소한 6개월로 한다. 최종적인 형식적 검토에서는 목표 대비 리더십 행동의 변화 정도를 비교하여 판단한다.

비형식적 검토란 특별한 형식을 갖추지 않고 타인의 의견을 들어보는 것이다. 공식적, 비공식적인 자리에서 타인의 말과 행동을 통해 돌아오는 정보를 피드백으로 활용한다. 비형식적 검토는 회사가 리더십 육성을 관리하고 통제하기보다 개개인이 자신의 역량과 경쟁력을 높이는 데 책임감을 갖고 자율적으로 노력하도록 권장한다. 따라서 자신의 발전에 대해서 적극적인 관심을 갖고 스스로를 관리하지 않으면, 리더십 육성을 위한 회사의 노력이 무의미해질 수도 있다.

형식적인 검토는 〈표 5〉의 양식을 활용하여, 변화되는 모습에 대해 상사에게 의견을 들을 수 있다. 이러한 방식을 활용할 때는 당신에게 실질적인 도움을 줄 만한 의견을 제시할 사람을 선정해야 한다. 상사가 의견을 제시할 때는 직무상의 상사로서보다는 코치로서 의견을 제시하는 것이 적절하다. 만일 외부전문가를 코치로 활용한다면 외부코치가 검토 의견을 제시한다.

리더십 개발계획에 대한 평가에서 본인의 평가가 미흡 또는 매우 미흡에 해당한다면, 그 원인을 찾아 '목표달성 실패 원인'에 기록하고 보완 방안을 찾는다. 그리고 리더십 개발을 통해 본인이 경험한 특이사항이나 효과적인 리더십 개발을 위해 필요한 사항이 있으면, '본인 종합 의견'란에 기록한다. 상사는 이러한 자기평가 보고서를 토대로 평가한다. 이 과정에서 상사는 직원의 성장에 도움이 되는 구체적이고 실질적인 조언과 피드백을 제공한다. 이 내용은 '상사 종합 의견'란에 기록한다. 상사는 단순히 기록으로만 끝내지 말고, 면담을 통해 직원에게 전달한다. 직원과 상사는 각자의 의견을 작성하고 서명한다. 서명을 하는 의미는 리더십 개발활동을 통제하려는 게 아니라 공동의 책임임을 강조하려는 것이다. 따라서 쌍방이 리더십 변화 정도를 주기적으로 진단하고 평가하는 노력을 계속해야 한다.

# 제2부

# 인지역량 개발전략

Leadership

# 인지역량

**인지역량**이란 당면 문제나 과제의 해결, 조직 안팎의 환경 변화에 대한 적응, 현재와 미래의 변화에 대한 지각과 예측 과정에서 발휘되는 기본적인 능력을 말한다. 인지역량의 많은 부분은 유전적 요인에 의해 결정되기보다는 개인의 사회적 경험과 축적된 학습경험에 의해 형성된다. 따라서 인지역량은 체계적인 훈련을 통해 누구든지 개발할 수 있다.

인지역량은 사물과 현상을 새로운 시각에서 볼 수 있는 가능성과 깊이를 결정한다는 측면에서 리더에게 매우 중요한 역량이다.

# 3장

## 창의성

> "창의성이란 전에 없던 무엇인가를 만들어 내는 것이다.
> 창의성 없이는 손안의 정보와 경험이라도 제대로 활용할 수 없다."
>
> – 에드워드 드 보노Edward de Bono, '수평적 사고'의 창시자

세계경제포럼의 클라우스 슈바프(Klaus Schwab) 회장은 "글로벌 시장에서 성공하는 데 가장 중요한 열쇠는 창의성이다."고 말했다. 이제 창의성이 신제품 개발, 디자인, 마케팅을 포함한 모든 기업 활동에서 핵심요소로 떠오르고 있다. 그렇지만 자신의 경험에 지나치게 의존하거나 아이디어를 개발해 본 적이 없는 사람은 창의적으로 생각하기가 어렵다. 또 새로운 생각에 방어적이거나 타인의 의견에 부정적인 태도를 보이는 사람도 마찬가지다.

창의성을 발휘하려면 기존의 인식 틀을 벗어나려는 적극적인 노력이 필요하다. 반대로 지나치게 창의적인 사람은 어느 하나에 집중하지 못

하고 관심이 여러 곳으로 분산될 우려가 있다. 그리고 아이디어에 현실감이 떨어질 수 있다.

## 창조하고 종합하고 변화시켜라

언어의 경계를 넘어서 상상하는 창의적 활동에서는 과연 어떤 인지 작용이 일어나는 것일까? 조지프 앤더슨(Joseph Anderson)은 창의성의 세 가지 유형을 말했다. 무(無)에서 유(有)를 만들어 내는 '창조'로서 창의성, 둘 이상의 무관한 요소를 연관해 종합하는 창의성, 이미 존재하는 것의 기능을 향상하거나 새로운 기능을 추가하여 다른 환경에서 다른 사람이 사용하도록 변화시키는 창의성으로 구분하였다. 즉 창조하고, 종합하고, 변화시키는 것을 창의성의 주된 활동으로 보았다.

다음은 창의성을 연구하는 학자들이 보고하는 창의적 활동의 예다.

- 기존의 고착화된 개념과 인식 틀에서 벗어나 새롭고 다양한 관점에서 인식한다.
- 동일한 사물을 보면서도 다른 사람들과 다르게 생각한다.
- 이미 존재하는 사건이나 사실에서 새로운 연계성을 만들어 낸다.
- 전체의 모습을 세부적으로 분석하여 새로운 형태로 재구성한다.
- 다양한 영역에서 신기하고 새롭고 유용한 아이디어를 생산한다.
- 학습과 경험을 통해 형성된 지각과 논리 패턴을 새로운 패턴으로 변화시킨다.

창의적 활동의 특징을 종합해 보면, 창의성은 처음 생각과는 전혀 다르고 새로운 관점에서 볼 수 있는 능력을 담고 있다. 이처럼 창의적인 생각이란 무언가를 새롭게 보는 능력을 말한다. 따라서 창의적인 아이디어를 얻으려면 호기심과 열정, 지속적으로 탐색하는 시도, 다양한 정보의 체계적인 축적과 재활용 등이 필요하다.

## 창의적인 사람들의 행동 습관

우리는 창의적인 사람들을 부러워한다. 그리고 창의성이란 배우고 학습해서 얻을 수 있는 게 아니기에 개발할 수 없다고 생각한다. 만약 자신에게 창의성이 부족하다고 생각한다면 아마도 사고와 행동 습관 때문일 것이다.

창의적인 사람들을 가만히 살펴보면 다음과 같은 특징이 있다. 당신의 사고와 행동 습관을 아래의 내용과 비교해 보라. 그리고 자신에게 어떤 점이 부족한지 체크하고 창의성을 향상하기 위해 사고방식과 행동을 어떻게 바꿔야 할지 생각해 보자.

- 메모하는 습관이 있다.
- 아이디어가 떠오르면 구체적인 것으로 표현해 보고 만들어 본다.
- 호기심이 많고, 알고 싶은 것이 많아 항상 새로운 정보를 찾으려고 한다.
- 상상력이 많아서 꼬리에 꼬리를 무는 방식으로 생각한다.

- 현재 상태에 대해 문제를 제기하고 새로운 가정을 해본다.
- 새로운 가능성을 테스트해 본다.
- 미래지향적인 사고를 한다.
- 불가능해 보이는 것에서 가능성을 찾는다.
- 실수를 두려워하지 않고 모험을 한다.
- 새로운 환경과 변화를 선호하고 이에 잘 적응한다.
- 아무 관련 없어 보이는 것에서 어떤 관련성을 찾아낸다.
- 서로 다른 생각이나 의견에 쉽게 좌절하기보다 인내심을 갖고 통합하려 한다.
- 처음 떠올린 생각에 얽매이지 않고 끊임없이 새로운 발상을 시도한다.

창의적인 사람이 지닌 행동특성을 모방하거나 체질화함으로써 창의성을 높일 수도 있다. 그러나 더 근본적인 방법은 자신의 문제점을 진단하고 자신에게 맞는 개선책을 찾는 것이다.


## 창의성을 가로막는 5가지 요인

창의성을 가로막는 요인은 무엇인가? 연구자들은 창의성을 저해하는 요인으로 다음과 같은 것들을 들고 있다. 나에게 어떤 요인이 있는지 알아보고 창의성을 높이는 방법을 찾아보자.

## 마음의 틀에 얽매인다

심리학에서는 마음의 틀(mind-set)을 스키마(schema) 또는 인지구조라고도 한다. 마음의 틀은 오랜 경험과 학습을 통해 형성되고 새로운 정보를 처리할 때 기본 틀로 작용한다. 마음의 틀이 긍정적으로 작용하면 비슷한 경험이 있는 사건을 대할 때 쉽고 빠르게 대응할 수 있지만, 부정적으로 작용하면 어떤 문제를 새로운 관점으로 볼 수 없다. 다시 말해서 마음의 틀에 얽매여서 해결해야 할 사건을 자신의 관점으로만 해석하거나 특정 정보에만 더 주의를 기울여 정보를 선택적으로 처리하고, 특정한 해결방식을 고집하는 문제가 생길 수 있다. 사람들이 당면한 문제를 푸는 과정에서 자신의 과거 경험에 근거하여 특정 방식을 고집하는 경우, 대부분 마음의 틀이 작용했을 가능성이 높다.

## 한 가지 방식만을 고수한다

문제를 해결하는 과정에서 "특정 방식만이 해결책이다(one right answer approaches)."는 사고 전략으로는 효과적인 대안을 찾을 수 없다. 이러한 사고방식은 자신의 직무경험에만 의존하여 판단하고 결정하는 보수적인 관리자에게서 흔히 나타난다. 새로운 상황에 직면했을 때 이전 방식대로 대처하는 습관이 문제다. 전통적인 방식을 따르는 것은 사람들에게 편안하고 친숙한 느낌을 주지만, 창의적인 사고를 제한한다. 상황은 복잡하고 다양하게 변하여 새로운 시각을 요구하는데 자신의 경험과 일 처리 방식에 얽매여 있다면, 새로운 아이디어를 만들어 내기 어렵다.

## 논리적 사고에만 의존한다

지나치게 논리적 사고에만 의존하면 상황을 돌파할 수 있는 아이디어를 얻는 데 실패할 확률이 높다. 논리적 사고는 창의적인 아이디어를 만들어 내는 여건을 조성하는 데는 적합하다. 다시 말해 논리적인 사고는 개념들의 연관성 — 인과관계, 위계관계, 상관관계 등 — 을 명쾌하게 분석하는 데는 도움을 주지만, 그러한 관계를 뛰어넘는 새로운 사고를 방해한다. 때에 따라서 상황에 대한 직감이나 통찰 등으로 유연성과 다양성을 발휘해 창의적인 해법을 찾아야 한다. 직무전문성이 높거나 사고력이 뛰어난 관리자일수록 논리적 사고의 함정에 빠지기 쉽다.

## 타인의 평가를 미리 걱정한다

상대방에 대해 "아니 지금 그것도 말이라고 하는 거야?"라는 피드백은 아이디어에 대한 부정적인 평가를 담고 있다. 우리가 어떤 의견을 제시할 때 상대방의 평가를 지나치게 의식하다 보면 오히려 창의적인 아이디어를 만들어 내기 어렵다. 과거 부정적인 피드백을 통해 경험한 부정적인 감정이 인지활동을 억압하기 때문이다. 그러므로 조직원들의 창의적인 활동을 이끌어 내기 위해서는 조직문화가 개방적일 필요가 있다. 개방적인 문화를 만든다고 해서 창의적인 활동이 활성화되는 것은 아니지만, 창의성을 발현하지 못하도록 하는 심리적 억압 요인을 제거하는 효과가 있다. 특히 관리자의 의사소통 기술이 개방적인 의사소통을 이루는 데 중요한 영향을 미친다.

## 주변인물에 동조하는 경향이 많다

우리나라처럼 사회적 관계를 중시하는 집합주의 문화권에서는 집단의 사고에 동조하거나 편승하는 경향이 강하다. 또 자신보다 권위나 지위가 높은 사람의 의견을 부정하거나 반박하기보다는 수용하고 존중하는 경향이 강하다. 따라서 집단의 리더는 이러한 동조 경향성이 나타나지 않도록 유의해야 한다. 리더는 집단에 소속된 사람들이 다양한 의견을 개진하도록 독려하고, 특정 의견에 지나치게 설득되지 않도록 안내할 필요가 있다. 조직에서 직원의 동조 경향성은 리더의 관리스타일과 깊은 연관성이 있다. 리더가 권위주의적이고 특정 사고방식에 따른 문제 해결 방식을 선호할수록 직원들의 동조 경향성이 높기 때문에 창의성을 발휘하기 어렵다. 그러나 리더가 창의적이고 도전적인 활동에 대해 동기를 부여하고 필요한 지원과 보상을 아끼지 않는다면, 직원들은 더욱 창의적이고 혁신적이 될 가능성이 높다.

## 창의성의 열쇠

창의성은 유전인자와 같이 선천적인 것이 아니다. 창의성은 모든 사람들이 발휘할 수 있고 육성할 수 있다. 앞서 살펴보았듯이 창의성은 관련 없어 보이는 다양한 정보들이 새로운 개념적 차원에서 통합되거나 연결되면서 생겨나는 것이다. 때로는 직관이나 통찰력에 의해 전혀 예상하지 못했던 사고가 형성되고, 이러한 사고를 통해 새로운 관점에서 현실을 보도록 해준다. 그 덕분에 새로운 물질이나 신약, 아이디어들이 개발된다. 대표적인 몇 가지 예를 살펴보자.

## 3M의 포스트 잇

1970년 3M연구소의 스펜서 실버(Spencer Silver) 박사는 새로운 접착제를 개발하려고 노력한 끝에 쉽게 떨어지는 접착제를 개발했다. 접착력이 낮은 이 '이상한 접착제'는 어느 누구도 용도를 정하지 못해 모두 폐기 처분해야 할 판이었다. 5년이 지난 1974년 3M의 연구원인 아서 프라이(Arthur Fry)는 주일예배를 볼 때 찬송가 사이에 끼워 두었던 종이들이 떨어지는 것에서 영감을 얻어, 이 쓸모없는 접착제를 임시로 붙였다가 떼어내는 데 사용하면 좋겠다고 생각했다. 3M은 1980년부터 포스트 잇을 생산하기 시작하여 현재 1억 달러 이상의 매출 실적을 올리고 있고, 미국에서는 사무용품 판매량 5위 안에 든다. 한번 붙으면 떨어지지 않는다는 접착제에 대한 고정관념을 버리고 이를 새롭게 응용하는 창의성에서 포스트 잇이 태어난 것이다.

## 파스퇴르의 백신

루이 파스퇴르(Louis Pasteur)는 가능한 모든 가설을 검증하기 위해 모든 자료를 샅샅이 수집해 체계적으로 연관시키고, 엄격히 통제된 환경에서 실험하는 것으로 유명하다. 그러나 그가 발견한 백신은 이러한 엄격한 통제나 과학적 검증과는 거리가 있었다. 파스퇴르의 조수가 닭에게 콜레라 박테리아를 소량 주사하였는데 이는 단순한 실수였다. 그런데 나중에 정량을 주사해 보니, 이전에 약하게 주사한 박테리아가 콜레라에 대한 면역 기능을 한다는 것을 알게 되었다. 백신(vaccine)이라고 이름 붙인 약화된 균은 질병에 대한 저항력을 키우는 데 사용되었다. 이 아이디어가 1879년 이후 면역이론의 토대가 되었고 백신 예방 접종으로 일반화되었다.

## 플레밍의 페니실린

알렉산더 플레밍(Sir Alexander Fleming) 교수는 유리로 만들어진 10센티미터 크기의 작은 접시에 부스럼에서 채취한 세균을 놓고 실험하였다. 세균을 실험하기 위해 사용하는 세균의 배양기는 완전한 무균상태여야 한다. 그래야 오염되지 않은 상태에서 균의 특성을 연구할 수 있기 때문이다. 그런데 플레밍은 세균을 배양하는 접시에서 증식한 푸른 곰팡이 주위가 무균상태라는 것을 알게 되었다. 원래 배양기는 완전 무균이어야 하는데 페니실륨 노타툼(Penicillium notatum)이라는 곰팡이 포자가 우연히 배양기에 들어간 것이다. 게다가 페니실린을 생산할 수 있는 곰팡이가 들어간 것이다. 대개 실험을 할 때는 오염된 배양기는 버리는 게 원칙인데, 플레밍 교수는 우연히 곰팡이 주위가 세균이 없는 무균상태임을 알게 된 것이다. 페니실린이 이 무균상태를 만든 것이다. 이러한 '우연'이 세계 최초의 항생물질인 페니실린을 발명하게 된 계기였다.

이러한 사례를 보면, 우연이나 실수로 생긴 결과를 무심히 넘기지 않고 완전히 새로운 시각에서 볼 수 있는 능력이 창의성임을 알 수 있다. 무의미할 것 같은 사건이라도 새로운 개념을 적용해 해석하고 종합하여 의미 있는 것으로 변형하는 게 바로 창의성의 힘이다. 고착되고 습관화된 인식 틀에서 벗어나는 게 바로 창의성 개발의 핵심 요건이다.

# 창의성 개발을 위한 4가지 요소

사물의 개별적이고 독립적인 요소들을 다시 구조화하여 새로운 차원에서 관계를 파악하는 능력은 누구에게나 있다. 파스퇴르는 "기회는 준비된 사람에게만 호의를 베푼다."고 말했다. 우연을 가치 있는 계기로 만들기 위해서는 창의성을 높이기 위한 열정과 노력이 동반돼야 한다. 창의성에 작용하는 원리와 과정은 학문적으로 분석할 수 있으며 학습할수도 있다. 토니 프록터(Tony Proctor)는 창의적 사고방식을 학습하기위한 4가지 훈련 요소를 제시하였다(〈표 6〉 참고).

〈표 6〉에서 유창성과 독창성은 조앤 길포드(Joan Guilford) 박사가 확산적 사고(divergent thinking)와 관련해 사용한 개념이다. 확산적 사고란 수렴적 사고(convergent thinking)의 상대개념으로, 문제상황에 직면했을 때 명확한 해답이 없으면 다양한 해답을 찾아보는 사고방식이다. 반면 수렴적 사고는 특정 답을 얻기 위해 단계적으로 일련의 절차를 따르는 사고방식이다. 이들 두 가지 사고방식은 완전히 독립적으로 작용하기보다는 동전의 양면처럼 상호 보완적으로 작용하면서 창의적 사고에 기여한다.

세계적인 창의성 전문가인 에드워드 드 보노는 확산적 사고란 '한 우물을 깊게 파는' 수직적 사고와 '다른 곳도 파보는' 수평적 사고로 구성되어 있다고 말한다. 수직적 사고는 관점과 방향이 정해지고 나면, 설정된 길을 따라서 단계적으로 논리적 사고를 하는 것이다. 이른바 '한 우물을 판다'는 비유는 수직적 사고를 뜻한다. 이와 달리 수평적 사고는 사고의 관점과 방향을 근본적으로 변화시키는 것이다. 마치

| 사고방식 | 정의 | 향상방법 |
|---|---|---|
| 유창성 | 많은 아이디어를 만들어 내는 능력 | 주위에 있는 물건을 보고 연상되는 모든 단어들을 기록한다. |
| 유연성 | 특정 형식과 고정된 사고방식에 얽매이지 않고, 다양한 유형으로 생각하여 관련 아이디어를 만들어 내는 능력 | 특정 단어에서 연상 가능한 모든 것을 적고, 그것들이 얼마나 다양한지 측정한다. |
| 정교성 | 새로운 생각을 추가하거나 기존의 생각을 변형, 삭제하여 구체화하고 명료하게 하는 능력 | 특정 개념이나 사물을 정해, 이를 가능한 한 상세히 묘사해 본다. |
| 독창성 | 기존의 것에서 탈피하여 특이하고 새로우며 혁신적인 생각을 만들어 내는 능력 | 주위의 사물을 정해, 이를 달리 활용할 수 있는 방안을 생각해 본다. |

〈표 6〉 창의성 개발을 위한 4가지 요소

꾸불꾸불한 시골 길을 걸어서 다른 마을로 가려 할 때, 그 마을에 도달하는 새로운 길을 생각하는 것과 같다. 이러한 수평적 사고력은 학습을 통해 개발할 수 있다.


## 창의성 개발을 위해 이렇게 해보자

창의성을 발휘하지 못하는 원인을 찾아내 해소하도록 한다. 너무 완벽해 보이려고 애쓰거나 지나치게 다른 사람을 의식한다면, 또는 자신의 생각에 대한 타인의 평가를 미리 걱정한다면 창의적으로 생각하기 어렵다. 만일 당신이 다음과 같은 생각을 자주 하는 편이라면 긍정적인 생각을 하도록 태도를 바꿔보자.

- 공상을 하거나 생각한 것을 되새겨 보는 것은 시간 낭비다.
- 내 생각이 가장 논리적이고 기발하다는 말을 듣고 싶다.
- 문제해결이란 진지한 것인데, 재미있거나 유머가 있는 분위기는 적절하지 않다.
- 직감이나 느낌에 의존해 생각하고 토론하는 것은 옳지 않다.
- 변화도 중요하지만, 지금까지 해온 방식을 지키는 것이 낫다.
- 대개 처음 생각한 것이 그래도 가장 좋다.

　자신의 분야에서 어떻게 성공할지 비전을 그려 본다. 비전을 설정한 다음에는 자신이 속한 분야가 앞으로 어떻게 바뀔 것인지, 그리고 무엇을 준비해야 할지 생각해 본다. 자신의 비전과 현재 상태를 비교해 보자. 이 비교를 통해 당신이 해야 할 일이 구체적으로 드러나게 된다. 비전을 설정하고, 변화할 영역을 찾고, 자신을 변화시킬 방안을 찾는 데 창의성을 활용해 보자. 혼자 할 수도 있고, 같은 분야에 종사하는 사람들과 브레인스토밍을 해봐도 좋다. 도출된 아이디어 가운데 실천 가능한 것이 있으면, 직접 실행에 옮겨보자.

　어떤 문제의 해답을 구할 때, 그 문제 자체가 생각을 제한할 수 있다. 따라서 문제에 집착하기보다는 문제가 제기된 배경이나 원인을 알아보는 것이 생각의 폭을 넓히는 한 방법이다. 예를 들어 "매출이 줄고 있는데 무엇이 문제인가?"라는 질문에 대해 매출이 어느 정도 감소했고 마케팅 전략에 어떤 문제가 있는지 찾기보다는, 현재 매출 감소가 왜 심각한 문제로 떠올랐는지 생각해 본다. 그런 다음 그 생각을 메모지에 적어 보거나 다른 사람에게 말해 보도록 한다. 자신의 생각을 피상적으로 표현하기보다는 먼저 내용을 깊이 있게 분석하고 탐구한다.

원인과 결과의 틀에서 벗어나 논리적 비약을 시도해 본다. 자유연상법에 따라서 꼬리에 꼬리를 물고 이어지는 생각들을 따라가 본다. 이러한 과정을 통해 해답을 찾을 수 있는지 시도해 본다. 결과를 미리 걱정하면 감정이 이성의 작용을 억제하고 제한하기 때문에, 다양하고 가치 있는 아이디어를 얻기 어렵다. 자유연상법은 신제품 개발이나 새로운 서비스에 대한 아이디어를 찾을 때 또는 이미 개발된 제품이나 서비스의 명칭을 바꾸고자 할 때 매우 유용하다. 집단토론에 앞서 실시하면 사고를 유연하게 하는 데 도움이 된다. 개인 또는 팀 단위로 연습해 보고, 그 결과를 비교해 보면 훌륭한 아이디어를 얻을 수 있다.

몰입의 모순(the paradox of immersion)에서 벗어나자. 어떤 주제에 대해 충분히 생각했다면, 계속 생각하지 말고 그동안 생각한 것을 기록으로 남기고 그대로 덮어 둔다. 자신이 깊이 생각하는 것, 알고 있는 것이 오히려 창의적 사고를 제한할 수 있다. 최종 결론을 내기 전에 충분한 휴식 시간을 갖는다. 에드워드 드 보노는 이것을 '창의적 중지(creative pause)' 라고 불렀다. 개인은 20~30초, 그룹은 2분 정도가 적당하다. 허용되는 기간에 따라서 3~5일 동안 충분한 공백기를 가져 본다. 그리고 다시 원래의 주제로 돌아와 하던 일을 계속한다. 너무 오랫동안 똑같은 생각을 하면, 기존 생각의 덫에 걸려들 수 있다. 만일 다른 사람이 시간이 있으면, 그 사람이 아이디어를 내보도록 맡겨 둔다.

## 다른 사람의 창의성을 활용하라

사람들의 사고 유형이 다양하다는 것은 심리학 연구에서 반복적으로
밝혀졌다. Big 5(다섯 가지 행동 및 성격 유형), MBTI(마이어브릭스 유
형지표), DiSC(행동유형 진단검사), HBDI(허만의 전뇌이론)는 사람들
의 사고 유형을 진단하는 대표적인 검사다.

관리자는 과연 어떤 직원과 함께 일해야 할까? 직원들이 창의성을 발
휘하도록 하고, 조직을 혁신적으로 이끌고, 조직의 효율성을 높이려면
다양한 사고 유형을 지닌 인재들을 활용해야 한다. 관리자와 직원의 사
고 유형과 인성이 비슷하다면 현재의 직무를 성공적으로 수행하는 데는
도움이 되지만, 직무 내용이나 환경이 바뀌었을 때 유연하게 대처하지
못할 수 있다. 또 사고 유형이 다른 직원들과 일하면, 창의적인 활동은
활발하겠지만 직원 간의 갈등을 피하기 어렵다. 문제해결이나 의사결
정, 토론하는 과정에서 논쟁이 격해지고 심각한 갈등을 겪게 된다. 현명
한 관리자는 다음과 같은 전략을 사용해 사고 유형의 차이를 극복하면
서, 그들의 창의성을 효과적으로 활용한다.

- 자신과 직원의 사고 유형을 객관적으로 진단하고, 그 결과를 조직 관리에 활
  용한다.
- 갈등이 생기지 않도록 원칙을 정한다(예를 들어 상대방의 의견을 반박할 때는
  반드시 이유를 제시하도록 한다).
- 토의 안건을 사전에 제시하고 직원들 각자가 검토할 수 있도록 시간을 준다.
- 목표를 공유하고 각 개인이 목표달성에 기여한 부분을 인정한다.
- 직원들의 시각차이를 인정하고, 갈등의 원인을 구성원의 인격과 연결하지 않
  는다.

# 4장

## 자기확신

"나 자신을 믿으면, 무엇이든 할 수 있다."

– 찰스 가르시아Charles Garcia, 스털링 파이낸셜그룹 회장
『내 안의 성공코드를 찾아라』의 저자

자기확신이 강한 관리자는 성공 원인을 내면적인 요소, 즉 자신의 능력이나 전문성, 경험, 지능 등에 돌리는 경향이 있다. 이를 심리학적인 용어로 '내적 귀인(internal attribution)'이라고 한다. 이런 관리자는 미래의 성공을 통제할 수 있다고 생각하고, 성공을 이루기 위해 부단히 노력한다. 또 항상 긍정적으로 생각하며 성취욕 또한 강하다. 미래가 불확실한 상황에서도 확신을 갖고 주위 사람들을 독려한다.

그러나 자기확신이 지나치면 타인의 의견을 무시하고 자기 주장만을 고집하기 쉽다. CEO는 자기확신이 강한 관리자를 도전적이고 직무성과가 우수한 사람으로 평가하지만, 직원들은 그러한 관리자를 고집 세

고 타인의 입장을 배려하지 않는 관리자로 평가한다. 따라서 직원들은 능동적으로 업무를 추진하기보다는 수동적으로 행동할 가능성이 높다.


## 왜 자기확신이 부족한가

자기확신은 행동의 결과에 대한 피드백으로부터 형성된다. 이는 행동의 결과를 스스로 평가한 것이거나 타인의 평가를 반영한 것일 수 있다. 그러나 주목해야 할 점은 피드백을 어떻게 수용하는지에 따라 자기확신이 달라진다는 점이다.

우리는 흔히 어떤 일이 실패로 끝났을 때 자기 능력이 부족하기 때문이라고 쉽게 결론 내린다. 즉 반복적인 실패를 경험하면서 '실패 = 능력 부족'을 공식화하고 이를 객관적인 사실로 믿어버리는 것이다. 이렇게 자기확신이 없는 사람은 쉽게 스스로를 무기력하게 만든다. 이러한 낮은 자기확신은 다음과 같은 요인들과 관련이 있다.


### 자기 파괴적 사고방식

자신의 능력을 폄하하거나 부정하는 사고방식이다. 자신의 장점보다는 단점만 보며, 한 번의 실수나 잘못을 일반화해 자신의 모든 행동을 부정적으로 본다.


### 완벽주의 사고방식

"나는 모든 일을 잘해야 하고, 그 결과를 타인에게 인정받아야 한다."

고 생각하는 사고방식이다. 이런 생각을 자주 하면 오히려 일에 부담을 느껴 성공하기가 쉽지 않고, 자신의 능력을 신뢰하기도 어렵다.

### 평가에 대한 과도한 의식

다른 사람들의 평가에 민감한 사람은 자기 능력을 낮게 평가하고 신뢰하지 않는다. 또 실패를 두려워하고 어떤 일을 능동적으로 할 수 없다. 이런 사람들은 '능력 발휘 → 자기확신 향상 → 성공에 대한 확신'의 과정을 제대로 거치기 힘들다. 다른 사람들의 평가에 더 신경을 쓰기 때문에 의사결정이 신속하지 못하다.

### 객관적인 피드백의 부재

자기확신은 물건과 같이 손에 잡히는 실체가 아니다. 그것은 심리 상태거나 심리적 과정을 거쳐 형성되는 결과다. 자기확신에는 결과에 대한 평가가 개입되어 있다. 만일 타인의 피드백이 정확히 전달되지 않거나 상사나 동료, 직원들이 객관적이고 타당한 피드백을 제공하지 않으면, 올바른 자기확신을 형성하기 어렵다. 객관적 피드백이 부재한 조직은 보수적이거나 폐쇄적인 조직문화와 밀접한 관련이 있다.

## 자기확신을 강화하는 방법

자기확신은 어떤 일이든 해낼 수 있다는 확신과 자기 능력에 대한 신뢰다. 이런 긍정적 신념은 자기 능력을 지속적으로 갈고 닦게 하고 자신의 이미지를 긍정적으로 만든다. 또 남들에게 자신의 생각을 적극적으로 표현할 수 있게 만든다. 이러한 자기확신은 자기 자신을 객관적으로 인식하면 좀 더 체계적으로 형성된다. 자기확신은 다음과 같은 방식으로 강화할 수 있다.

## 자신의 능력을 키워라

전문적인 직무 지식과 기술 등을 습득하여 잠재 역량을 강화한다. 성공의 원인은 운이 아니라 자신의 노력과 능력에 있다고 생각한다. 성공하는 모습을 매일 10분씩 마음속으로 그려보고, 성공할 수 있다고 생각한다.

## 긍정적 이미지를 높여라

다른 사람들에게 긍정적인 평가를 받으면, 어려운 상황도 긍정적으로 지각하게 되며, 새로운 일에 도전할 수 있는 용기를 얻는다. 어떤 일을 할 때는 "반드시 잘될 것이다."라고 확신에 찬 말을 타인에게 하거나, 전문가의 이미지를 보여주기 위해 노력할 필요가 있다.

## 의사를 적극적으로 표현하라

자신의 의사를 적극적으로 표현하는 것은 타인에게 영향력을 발휘하는 효과가 있다. 그러나 지나치면 공격적인 인물로 비칠 수 있으니 유의해야 한다. 이를 위해 '나(저)는~'이라는 말로 문장을 시작하여(I-message 사용), 힘 있게 말한다. 또는 마음속으로 "나는 반드시 할 수 있다."고 자기암시를 하고, 부정적인 생각은 버린다. 그리고 대화할 때는 상대방의 눈을 보며 이야기하고 자신감 있는 자세와 몸짓을 취한다.

### 자신을 객관적으로 인식하라

자신을 객관적으로 인식하는 것이 자기확신을 위해 무엇보다 중요하다. 이를 위해 다른 사람들의 피드백을 적극적으로 요구하고 수용하는 자세가 필요하다. 특히 자신의 강점과 약점을 열거해 보고, 여러 사람들에게 의견을 들어볼 필요가 있다.

## 지나친 자기확신도 문제다

자기확신이 강한 관리자는 직원을 결집시키고 성과지향적으로 이끌어 가는 데 탁월한 능력을 발휘한다. 그러나 이러한 자기확신도 지나치면 문제가 될 수 있다.

### 장애물을 과소평가한다

주어진 상황을 객관적으로 인지하지 못하고 비현실적으로 해석할 가능성이 높다. 자기확신이 강할수록 일의 성공 요소를 지나치게 긍정적으로 지각하는 반면, 장애 요인들을 간과하거나 무시한다. 이 과정에서 타인의 능력을 과소평가하거나 그들의 참여와 협조를 이끌어 내지 못한다. 그러다가 결국에는 자기 능력으로는 감당할 수 없는 상황까지 치닫게 된다. 자기확신에 찬 관리자는 때로 독단적이고 지배적인 리더십을 발휘하여 일을 추진하다 실패로 끝날 수 있다.

## 직원들의 자존심을 치켜세워라

사고와 행동은 자존심(self-esteem)을 반영한다. 사람들은 타인에게 인정받으려는 욕구, 자기의 긍정적인 면을 드러내려는 욕구, 자기 모습을 지키고 보호하려는 욕구를 지니고 있다. 대인관계에서 자존심은 바로 사회적 얼굴이다. 자기확신이란 이렇게 보이지 않는 무형의 자존심을 신념으로 표현한 것이다. 자기확신은 사회적 얼굴에 대한 긍정적인 자기평가이며, 적극적이고 도전적으로 행동할 수 있도록 하는 에너지다.

훌륭한 리더는 직원들의 사회적 얼굴을 긍정적으로 평가해 주고, 인정해 주고, 치켜세운다. 이런 긍정적 피드백이야 말로 직원의 자기확신을 높여 주는 가장 중요한 보상 수단 중 하나다. 직원의 자기확신을 이끌어 내고 싶다면, 직원의 자존심을 치켜세워라.

## 의사소통이 일방적이다

'나'를 주어로 사용하는 빈도가 높다. '내가 말하고자 하는 것은~', '내가 생각하는 게 무엇이냐 하면~', '나는 ~한 상황에서 이런 것을 느꼈다'와 같이 나 또는 내가 주어가 된 문장을 반복적으로 말한다. 이런 어법은 타인과의 대화를 단절시킬 수 있다. 말하는 사람이 자신의 생각이나 신념, 의사결정 내용을 타인에게 강하게 표현하기 때문에, 듣는 사람으로서는 반대 의견을 내거나 어떤 대안을 제시하기 어렵다. 직원들의 다양한 의견을 수렴하고 참여를 이끌어 낼 필요가 있을 때, 이런 화법은 부적절하다.

## 자기중심적으로 흐를 수 있다

자기확신이 강한 사람은 어떤 면에서 자기중심적인 경향이 강하다. 게다가 직무전문성이 뛰어나거나 특정 분야에서 오랫동안 경험을 쌓은 관리자일수록 자기확신이 강하기 마련이다. 따라서 타인의 의견을 수용하기보다는 자신의 입장을 관철하는 경향이 있다. 직원의 의견에서 긍정적인 면보다는 미흡하고 부정적인 면을 보기가 더 쉽고, 이것을 오히려 자기 의견을 강화하는 정보로 해석할 수도 있다.

## 자기확신 개발을 위해 이렇게 해보자

우선 자기확신을 갖지 못하게 하는 자신의 특성을 찾는다. 그런 다음 그러한 특성을 변화시키기 위한 계획을 세우고 실행한다. 이때 변화시키려는 구체적인 목표와 행동을 설정한다. 실천 후 그 결과를 평가하고, 필요하면 초기 계획을 수정하여 다시 실천에 옮긴다.

개발 목표를 설정할 때 EIAG 모델을 활용해 본다. 도날드 웨이스의 EIAG 모델은 각자의 문제점을 분석하고 변화 포인트를 찾을 수 있게 한다. EIAG는 Experience(경험), Interpretation(해석), Analysis(분석) 및 Generalization(일반화)의 앞 글자를 나타낸다. 이 방식은 자기확신이 부족하다는 피드백을 받았던 사례를 떠올려 보고, 자기확신이 부족한 원인을 분석한 다음 개선방향을 찾아보는 것이다.

다른 사람과 대화를 나누면서 그들의 경험을 들어본다. 혹시 당신이 별로 중요하게 생각하지 않았던 것 가운데 자기확신을 주는 요소가 있는지 찾아본다. 또 당신이 긍정적으로 생각하지 않았던 모습에 대해 타인이 더 긍정적으로 보고 있는 것('숨겨진 강점')은 없는지를 알아본다. '숨겨진 강점'을 본인이 잘 모르는 이유는 나 자신에 대해 잘 모르고 있거나 타인이 당신을 어떻게 보는지에 주의를 기울이지 않았기 때문이다.

자신의 성공을 시각화하여 자기확신을 경험해 본다. '난 성공할 수 있다'고 자신에게 확신을 준다. 아침저녁으로 10분간 성공하는 모습을 그려 본다. 그렇게 반복해서 성공을 이미지화하면, 자신이 꿈꾸던 일은 현실이 된다(피그말리온 효과, 19장 비전제시 참조).

실패를 통해 배우는 자세를 갖는다. 결과를 스스로 비판하고 비난할수록 자기확신만 낮아진다. 실패의 근본 원인이 무엇인지 분석하고, 실패를 극복하기 위한 새로운 지식과 기술을 배운다. 이는 때에 따라서 실패란 있을 수 있다고 긍정적으로 받아들이게 하여, 실패하더라도 자기확신이 손상되지 않도록 해준다.

# 5장

# 변화관리

"관리자가 변화의 필요성을 알면서도 변화를 시도하지 않으면,
의식적으로 점진적인 죽음을 선택한 것이다."

– 로버트 퀸Robert Quinn, 미시간대 경영대학원 교수

조직을 변화시키고 관리하는 과정에서 관리자의 주된 역할은 변화의 목표를 명확하게 제시하고, 그 방향으로 직원들을 이끄는 것이다. 하지만 변화에는 저항이 따른다. 왜냐하면 새로운 틀에 맞추기 위해서는 자신이 그동안 학습해 온 것을 바꾸어야 하기 때문이다. 관리자들이 변화를 추진하면서 흔히 간과하거나 무관심한 부분이 바로 직원의 심리적 변화다. 변화를 주도하는 관리자는 조직 구조나 시스템이 바뀌어도, 직원은 당연히 적응할 것으로 생각하지만 실제는 그렇지 않다.

직원들에게 조직의 변화는 이해나 동의, 합의의 문제가 아니라 감성적인 문제다. 선진기업들은 조직문화에 변화를 줄 때, 직원들이 이를

감성적으로 수용할 있도록 여건을 조성한다. 변화는 직원들이 열정을 갖고 참여할 때 탄력을 받는다. 변화의 성공이 직원의 감성보다 능력에 의해 좌우된다고 생각한다면, 변화관리에 실패할 수 있다. 변화관리는 결국 직원의 감성 관리다. 따라서 직원들이 변화에 대해 불안해하는 원인을 찾아 이를 해소하고 관리하는 게 중요하다.

## 변화에 성공하려면 심리적 요인을 관리하라

변화에 직면하면 사람들은 일반적으로 '변화 지각 → 변화에 대한 불안 → 변화에 저항 → 변화에 적응'이라는 심리적 변형(transformation) 과정을 거친다. 이러한 과정은 필연적으로 긴장과 스트레스를 유발하고, 이는 사람들로 하여금 변화를 거부하고 회피하게 만든다. 이런 심리적 저항 요인은 변화를 추진하려는 조직에는 가장 큰 장애 요소다. 따라서 직원들이 변화에 잘 적응할 수 있도록 하기 위해서는 이러한 심리적 측면에 주의를 기울여야 한다.

존 코터(John Kotter)와 댄 코헨(Dan Cohen)은 그들의 저서 『기업이 원하는 변화의 기술』에서 80개의 변화 추진 사례에 대한 분석을 토대로, 변화를 일으키는 가장 효과적인 방법은 사람들의 감정에 호소하는 것임을 강조하였다. 그들은 변화에 성공한 기업들의 사례에서 '보고-느끼고-변화한다(see-feel-change)'는 패턴이 일관되게 나타남을 관찰하였다. 생각을 바꾸어 행동을 바꾸려 하기보다는 변화를 요구하는 상황이나 문제를 보고 느끼게 함으로써 행동을 변화시키는 것이다.

그들의 분석 결과가 시사하듯이 관리자는 자연스럽게 직원들의 감정 변화를 유도할 수 있어야 한다. 즉 직원들이 부정적 감정(불안이나 두려움)보다는 긍정적 감정(변화에 대한 열정 등)을 지닐 수 있도록 유도해야 한다. 그래야 성공적으로 변화관리를 이끌어 낼 수 있다.

## 변화관리의 핵심포인트

사람들은 변화란 당연하다고 생각하고 심리적으로도 상당 부분 공감한다. 그러나 정작 변화가 발생하면 불안해 하고 저항하거나 적응하지 못한다. 변화가 불가피하다고 생각하지만, 현실적으로 닥친 변화에는 잘 적응하지 못한다. 즉 인식과 행동의 격차가 변화를 저해하는 요인이다.

변화 리더십이 있는 관리자는 변화 과정에서 중점적으로 관리해야 할 핵심 포인트를 정확히 찾아내고, 그 부분에서 인식과 행동의 차이를 줄이기 위한 효과적인 방법을 알고 있다. 당신이 속한 조직에서는 어떤 영역에서 이러한 차이를 가장 크게 보이고 있는가? 변화가 효과적으로 정착되려면, 변화관리의 핵심 포인트에서 직원들이 잘 적응할 수 있도록 체계적으로 관리해야 한다. 다음의 4가지 변화관리의 핵심 포인트에서 흔히 관리자들이 놓치기 쉬운 점들을 살펴보자.

### 핵심포인트 1_ 심리 변화를 파악하여 불안감을 최소화하라

• 직원들이 "변화를 위한 변화를 한다."고 인식하는 주된 원인을 파악했는가?

- 의혹과 소문을 만들고 전파시키는 심리를 파악했는가?
- 변화에 대응하면서 직원들이 자신의 삶을 통제할 수 없을까 봐 염려하고 있는가?
- 직무 전환으로 자기성장의 방향이 불명확해져 불안해 하는가?

**핵심포인트 2_ 변화 과정에서 잃는 것들에 관심을 보여라**

- 조직 개편이나 인사이동으로 함께 일했던 다른 직원과 떨어진다는 단절감이 강한가?
- 조직의 변화에 따라 자신의 지위가 상실될까 봐 두려워하는가?
- 조직 규모 축소로 자신의 영향력이 줄어들어 상실감을 느끼는가?
- 조직 축소, 기업합병 등의 변화 속에서 실직에 대한 위기감을 느끼고 있나?

**핵심포인트 3_ 변화의 이점을 최대한 부각시켜라**

- 변화의 목적과 방향에 대한 불확실성으로 소문이 무성한가?
- 새로운 역할에 대한 이해나 준비 부족 때문에 불안을 느끼는가?
- 변화의 긍정적인 면을 최대한 부각하지 못한 것은 아닌가?
- 직원 개개인이 새로운 변화를 통해 기대하는 게 무엇인지 파악했는가?

**핵심포인트 4_ 변화에 대한 신뢰와 지지를 확보하라**

- 변화 정책에 대해 직원들이 이해하지 못하는 구체적인 원인을 알아냈는가?

- 변화를 전파하고 실행하는 인물이 직원들에게 신뢰받고 있는가?
- 갑작스러운 인사이동, 조직 개편, 역할 변경 등으로 미래를 예측하기 힘들어 하는가?
- 직원이 변화를 주도하고 있다는 인식을 심어 주고 있는가?

**효과의 법칙**

사람들은 결과에 대한 보상이 있을 때 그 행동을 더 하게 되고, 처벌이 있으면 그 행동을 반복하지 않는다. 이를 효과의 법칙(the law of effect)이라 한다. 변화에 대한 적응도 이와 같은 법칙을 적용할 수 있다. '변화'라는 자극에 대한 직원의 정서와 행동은 그전의 경험이 어떠했는지에 따라 달라진다. 변화에 적응하려다 실패와 좌절을 겪은 적이 있다면, 변화에 적응하려는 노력은 더 이상 하지 않을 것이다. 그러나 이전에 있었던 변화에 대한 적응 노력이 상사나 동료의 정서적 지지와 더불어 다양한 형태로 지원과 보상을 받았다면, 이에 효과적으로 적응하는 행동을 보일 것이다. 이런 과정은 '변화 적응 시도 − 지원과 보상 − 긍정적 정서 경험'과 함께 새롭게 연합된다.

지금이 변화의 시기라고 가정해 보자. 리더로서 당신은 직원들이 변화에 적응할 수 있도록 어떻게 도울 것이며, 그들의 행동을 어떻게 관리할 것인가? 직원들이 어떤 행동을 했을 때 보상할 것인가? 변화에 필요한 행동을 찾아 지원하고 지지하고 보상하는 것은 관리자의 책무다.

## 효과적 변화관리 요령

관리자는 직원의 관점에서 변화를 고려하는 능력이 부족하다. 성공적인 변화를 이끌어 내기 위해서는 조직과 개인의 관점이 균형을 이루어야 한다. 따라서 관리자는 변화에 직면한 직원의 관점에서, 그들이 체감하는 정서를 변화관리의 중요 요소로 삼아야 한다.

### 직원들의 눈높이에 맞추어라

관리자는 변화가 직원들에게 어떤 영향을 미치며, 그것이 의미하는 바가 무엇인지 그들의 언어로 전달해 주어야 한다. 변화를 추진하는 데는 분명한 목적이 있다. 관리자들은 대개 변화의 추진 목적이나 필요성에 공감하거나 동조한다. 특히 최고 경영층이 변화를 요구했을 때는 관리자들은 변화의 필요성을 수용하는 편이다. 그러나 일반 직원들은 그 내용이나 필요성에 공감하려면 시간이 필요하다.

리더는 경영층의 의지가 직원 모두에게 전달될 수 있도록 변화의 큰 그림을 제시하고, 각 부문과 직무에서 일어나는 구체적인 변화를 이해할 수 있도록 도와주어야 한다. 그리고 직원들이 변화를 어떻게 추진하면 되는지 실행 계획을 수립하도록 독려하고 지원해야 한다. 리더는 직원들이 다음 사항을 이해할 수 있도록 도와준다.

- 왜 현재 시점에서 변화가 절실하게 필요한지를 알려 준다.
- 변화가 조직 목표나 비전과 어떤 관련성이 있는지 알려 준다.

- 변화를 받아들일 준비가 얼마나 되어 있는지 객관적으로 이해시 킨다.
- 직원 개인의 직무와 역할에서 예상되는 변화를 알려 준다.
- 이러한 변화에 효과적으로 적응하기 위해 미리 준비할 것을 협의 한다.
- 변화에 적응하는 과정을 어떻게 평가하고 관리할 것인지를 이해하 도록 도와준다.

## 직원의 정서변화를 관리하라

리더는 논리적이고 이성적인 측면에서뿐만 아니라 정서적인 측면에서도 리더십을 발휘해야 한다. 사람들은 자신이 선택하지 않은 것을 수용해야 할 때, 그 강요된 선택에 대해 자기 정당화를 한다. 자기 정당화를 하는 이유는 정서적으로 변화 이전의 것과 연관되어 있기 때문이다. 관리자가 직원들에게 과거와 단절할 것을 요구하고 변화에 빨리 적응하기를 강요한다면, 그들은 불안이나 좌절, 마음의 동요를 겪어 변화를 받아들이는 데 시간이 걸린다.

관리자는 과거의 관행을 무시하지 않지만 왜 과거와 단절해야 하는지를 분명하게 설명해야 한다. 이러한 설명은 할 수 있는 만큼 반복하는 게 좋다. 변화를 강요할수록 과거와의 단절은 염려와 불안의 대상이다. 언제 무엇을 어떻게 왜 단절해야 하는지를 명확하게 알려 주는 것은, 리더의 중요한 역할이다. 이런 역할을 효과적으로 수행하지 못할 때, 직원은 기존의 것에 대한 상실감과 위기감을 더 강하게 느낀다.

## 이해관계자의 참여를 유도하라

리더는 변화에 영향을 받는 조직 안팎의 이해관계자들이 변화에 동참할 수 있도록 해야 한다. 특히 변화가 여러 부서와 연관되어 있거나 조직 전체의 이슈와 연관이 있을 때는, 이해관계자들을 고려한 전략을 구사해야 한다. 이를 위해 다음과 같은 전략을 활용해 볼 것을 제안한다.

- 변화 과제와 관련한 이해관계자가 누구인지, 조직 안팎의 이해관계자를 명확히 파악한다.
- 이해관계자들이 변화에 관심을 갖는다면, 무엇 때문일까? 변화를 통해 기대하는 성과와 손실, 참여 범위, 변화 계획에 대한 인지 등을 이해관계자의 관점에서 정리한다.
- 이해관계자 가운데 가장 영향력을 지닌 오피니언 리더는 누구며, 그는 변화에 대해 어떤 시각을 갖고 있는가? 그들의 역할과 기대사항, 기존의 변화 활동에 대한 평가, 새로운 변화에 대한 입장을 분석한다.
- 이해관계자를 참여시킬 전략은 무엇인가? 어떠한 전략으로 변화에 대한 이해관계자의 관심과 참여, 열정을 불러일으킬 것인지 의사소통 전략을 구체화한다.
- 구체적으로 누가 어떤 과제에서 어떤 역할을 맡을 것인지, 이해관계자들이 담당할 역할을 명확히 정의한다.

## 인적 지원 시스템을 만들어라

관리자는 변화를 추진하는 과정에서 중요한 역할을 해낼 인물을 선정하고 이들 간의 네트워크를 구축해야 한다. 특히 변화 계획을 전파하고, 정보를 공유하고, 설득하고, 그들의 의견을 수렴해, 관리자와 직원을 연결해 주는 인물이 필요하다. 변화 범위가 조직 차원일 때는 변화혁신팀을 구성해 체계적으로 변화를 추진하는 게 바람직하다. 변화를 추진하고자 할 때, 다음 역할을 담당할 인물을 찾아본다.

- 변화 실행자(change agent) : 현재의 모습을 혁신적으로 바꾸고 싶어 하거나 그러한 활동에 적극적인 참여 의지를 지닌 인물.
- 오피니언 리더(opinion leader) : 조직 내에서 직원들에게 존경과 지지를 받고, 그들의 사고방식과 행동에 영향을 미칠 수 있는 인물.
- 변화 챔피언(change champion) : 추진하려는 변화 계획을 구현할 수 있는 권한이 있거나, 변화를 실현시킬 수 있는 핵심적 인물.

## 변화 과정을 코칭하라

변화관리를 잘하는 리더는 직원들이 변화하도록 몰아치지 않는다. 변화관리 리더십을 발휘하는 관리자는 직원의 입장에서 변화를 바라볼 줄 안다. 직원들이 변화의 흐름을 이해하도록 돕고, 변화에 적응하기 위한 역량과 기술을 육성시킨다. 또 새로운 변화를 통해 그들이 무엇을 얻을 수 있는지, 그들의 성장에 도움이 되는 것은 무엇인지를 정확히 알려주고 지원한다.

직원의 신념과 태도에 영향을 미친 다음에는, 그들의 행동 변화를 유도해야 한다. 급격한 변화보다는 단계적인 변화를, 변화를 통해 실패보다는 성공을 경험할 수 있도록 코칭한다. 다음 질문들은 효과적인 코칭 관리를 위해 변화 과정에서 당면할 문제를 미리 점검하는 것이다. 어떤 질문에 대한 응답이 부족한지 확인하고, 명확한 답을 찾도록 한다.

- 변화를 택한 이유는 무엇인가?
- 변화 내용이 직원에게 구체적으로 전달되었는가?
- 변화가 직원에게 줄 긍정적 또는 부정적 영향은 무엇인가?
- 직원의 태도와 행동이 어떻게 변하길 기대하는가? 그리고 현재 어떻게 바뀌고 있는가?
- 이 과정에서 어떠한 저항이 나타나고 있는가? 이러한 저항은 예상한 것이었나?
- 이러한 저항 요인을 해소할 방안은 무엇인가?

## 변화관리역량 개발을 위해 이렇게 해보자

지난 1년간 경험한 변화 사례를 목록으로 작성한다. 그리고 각각의 사례에서 느꼈던 감정들을 상기해 본다. 떠오르는 감정을 부정적인 것과 긍정적인 것으로 나누어 적는다. 사례별로 정리한 감정의 빈도를 종합해볼 때, 긍정적인 게 많았는지 부정적인 게 많았는지 비교해 본다. 만일 부정적인 것이 많았다면, 당신은 변화에 대해 기본적으로 부정적인 감정을 느꼈을 가능성이 높다. 그 다음은 정리한 목록 가운데 공통적으로 경험한 감정을 찾아본다. 공통적으로 나타난 감정이 있다면, 이는 변화를 경험할 때 느끼는 일반적인 감정이다. 만일 이 감정이 부정적인 것이면, 당신은 이 감정을 긍정적인 것으로 바꿔야 한다. 그리고 부정적인 감정을 느끼게 된 원인을 분석해 본다. 당신이 변화를 적극적으로 수용하려면, 부정적 감정을 느꼈던 그 원인을 제거해야 한다.

모든 이해관계자들의 입장을 체계적으로 고려한다. 변화는 직원들에게 기존의 사고와 행동을 변화시키도록 요구한다. 또 고객과의 관계에도 변화가 온다. 따라서 변화를 추진할 때는 조직내 모든 이해관계자들의 입장을 고려해야 한다. 특히 변화 과정에서 겪을 수 있는 심리적 요소를 효과적으로 관리하지 못하면, 변화는 실패로 끝날 수 있다.

상사나 이해관계자에게 변화의 필요성을 충분히 인식시키고 지원을 이끌어낸다. 이를 위해 팀이 변화를 수용할 수 있는 준비가 되어 있는지 파악해 본다. 이 질문에 대해 부족한 점이 있으면, 준비가 부족한 원인을 구체적으로 찾아본다. 준비 부족 원인을 극복할 수 있는 방안을 변화 실행 계획에 반영한다.

- 조직 내에서 직원 간의 신뢰 수준은 어느 정도인가?
- 변화로 예상되는 팀원의 불만족이나 불평불만은 어느 정도인가?
- 직원들이 변화의 필요성을 느끼고 있는가?
- 변화의 내용과 방향이 조직문화의 가치와 일치하는가?
- 변화에 대한 회사의 지원은 확보되었는가?

• 변화를 촉진하거나 방해하는 요인들이 상존하는가?

변화를 성공적으로 이끌기 위해서는 직원 개개인이 변화를 수용해야 한다. 직원이 변화에 적응하는 데 어려움을 호소하면, 해당 직원을 대상으로 1 대 1 코칭을 한다. 이때는 다음 사항을 참고해 진행하는 것이 효과적이다(10장 대인감수성, 11장 의사소통, 17장 코칭 참고).

• 직원들과 허물없이 대화를 나눌 수 있는 시간과 공간을 마련한다.
• 변화에 대해 직원이 어떤 생각과 느낌을 갖고 있는지 솔직하게 이야기하도록 한다.
• 직원이 변화에 적응하고 앞서갈 수 있도록 격려한다.
• 직원이 경험하는 장애 요인이 무엇인지를 찾아서 제거할 수 있도록 도움을 준다.
• 직원과 함께 변화에 적응하기 위해 필요한 실행 방안을 수립해 본다.
• 직원에게 변화 과정에서 겪을 수 있는 어려움을 잘 극복할 수 있으리라는 확신을 심어 준다.

# 6장
## 문제해결력

문제해결력은 독창적인 아이디어를 현실화하는 데 아주 중요한 연결고리가 된다. 문제해결 과정에서 예전 경험에 의존하거나 문제해결 기술이 없다면 효과적인 해결책을 찾기 어렵다. 또 문제의 본질이나 복잡성, 타인의 관점을 이해하기보다는 자기 방식대로 문제를 인식하면 최선의 해결책을 얻기 어렵다. 리더가 문제해결에 어려움을 겪는 이유는, 이처럼 문제해결 과정에 개입되는 인지적 오류를 극복하지 못하기 때문이다. 만일 관리자가 전체를 보지 못하고 국소적인 문제에 집착하거나, 문제를 적극적으로 해결하려 하지 않고 자기 합리화를 꾀하면 조직에 심각한 결과가 초래될 수 있다. 문제해결력 부족은 대인관계에서 갈등을 증폭시키고 목표관리에서 개인이나 팀의 성과에 직접적인 영향을 미친다. 대인관계와 성과관리의 실패는 리더의 성공을 가로막는 결정적인 위협요인이 된다.

## 문제해결 과정의 함정

문제해결이란 문제해결자가 현실과 도달해야 할 목표 사이의 차이를 인식하고, 그 차이를 유발하는 장애물을 제거하는 활동이다. 이러한 장애물을 제거하려면 리더에게는 지적, 창의적, 이성적인 능력이 필요하다. 그러나 막상 어떤 문제상황에 맞닥뜨렸을 때, 그 문제를 해결하는 과정은 대체로 합리적이지 못하다. 심리학자들은 문제해결 과정에 다양한 인지적 오류가 개입하는데, 이것이 문제해결의 역기능으로 작용함을 알아냈다.

### 자기 합리화

합리화는 인지 과정에서 생기는 정신적 긴장을 해소하는 가장 좋은 방법이다. 그러나 리더가 문제를 분석하는 과정에서 자기 합리화에 빠진다면, 인지적으로 문제의 본질에서 도피하는 것이다. 예를 들어 상반기 매출이 목표에 미치지 못했다면, "다른 경쟁사도 모두 매출 실적이 나쁘다.", "세계적으로 유가 폭등이 자사 관련 사업에 악재로 작용했다.", "원자재 가격이 급등할 것으로 아무도 예측하지 못했다."와 같이 문제의 본질에서 자신을 격려하는 것이다. 자기 합리화는 주관적 판단이기에 주위 사람의 피드백을 받는 게 중요하다.

## 확대경 사고

문제를 규명하는 과정에서 문제의 한 단면만을 보고 여기에만 집중해 문제해결을 시도하는 것이다. 이때 사람들은 문제를 총체적으로 보지 못하는 실수를 범한다. 로저 코프먼(Roger Kaufman)은 이것을 확대경 사고(magnifying glass mentality)라고 명명하였다. 이 사고방식의 함정은 문제의 한 측면을 확대 해석해 근본적인 문제해결을 간과한다는 데 있다. 예를 들면 인사평가에 대한 직원의 불만을 마치 인사평가 제도 자체가 잘못됐다고 확대 해석하는 것과 같은 이치다.

## 대표성 휴리스틱

문제 원인을 분석할 때 흔히 나타난다. 상반기 매출이 떨어진 이유는 마케팅 전략의 실패 때문인가, 시장상황의 악화 때문인가? 이 문제에 대한 답을 찾을 때, 매출 상황 자료를 놓고 그 원인이 둘 중 어느 것 때문인지 판단해야 한다. 대니얼 카너먼(Daniel Kahneman)과 아모스 트버스키(Amos Tversky)는 이런 상황에서 사람들은 흔히 대표성 휴리스틱(representativeness heuristic)에 의존해 판단한다는 연구 결과를 보고하였다. 예를 들면 사람들은 '마케팅 전략의 실패'와 '시장상황의 악화' 가운데 매출 분석 자료의 특징이 어느 것을 대표하는지에 의존해 실패 원인을 판단하는 경향이 있다는 것이다. 이를 극복하려면 개별 정보에 너무 치우치지 말고, 다양한 자료를 철저히 분석해야 한다.

### 문제의 극단적 평가

문제의 심각성이나 중요성을 의도적으로 최소화하거나 과대평가하여 문제의 본질을 회피하는 방법이다. 온라인 쇼핑몰을 운영하는 경우, 고객과 신속한 의사소통이 이루어지지 못해 경쟁력이 떨어지는 문제에 대한 해결방안을 찾는다고 하자. 문제의 최소화는 "현재 인터넷 망 속도로는 어쩔 수 없다.", "시스템을 교체하지 않고는 해결할 수 없다."와 같이 다른 사람이 공감할 수 있는 주제로 문제의 심각성을 희석시키는 것이다. 문제의 과대평가는 "고객이 가장 민감해 하는 부분은 시스템에 접속하는 속도다.", "시스템 증설을 또다시 무시한다면, 매출 증대는 기대할 수 없다."와 같이 문제의 심각성을 더 부풀려 부각시키는 것이다.


## 문제해결 리더십을 강화하는 방법

문제해결력을 향상시키는 강력한 방법은, 구조화된 방법으로 문제에 접근하고 체계적으로 사고하는 기술을 키우는 것이다. 또한 사고 과정에 개입하는 인지적 오류를 제거하는 것이다. 그러나 인지 오류의 요인을 찾아 하나씩 대처하는 것보다는 구조적이고 체계적으로 사고하는 편이 창의적이고 합리적인 문제해결력을 키우는 데 더 도움이 된다.

### 구조화된 문제해결 과정을 따르라

다급한 상황에서 문제해결책을 찾으려면 어디서부터 시작해야 할지 당황하기 일쑤다. 예를 들어 상사가 "이번 주 판매실적이 부진한데, 오늘 오후까지 해결방안을 마련해 보고하시오."라고 지시했다고 하자. 당신은 얼마만큼 빨리 상황과 원인을 분석하여 대응방안을 마련할 수 있을 것인가? 직무경험이나 느낌, 직관만으로는 최선의 해결방안을 도출하기 어렵다.

이렇듯 문제에 대한 해답이 불명확한 상황에서 정확한 목표점에 이르려면 체계적이고 구조화된 문제해결 과정이 필요하다. 간략히 정리하면,

1. 문제가 제기된 배경이나 환경요인에 대한 정보를 수집한다.
2. 구체적으로 무엇이 문제인지 정의한다.
3. 문제 발생의 근본 원인을 분석한다.
4. 문제해결을 위해 가능한 여러 대안을 개발한다.
5. 최적의 해결방안을 선택한다.
6. 문제해결을 위해 계획을 세우고 이를 실행한다.
7. 실행 결과를 평가한다.

## 문제해결 과정에서 타인의 피드백을 받아라

문제해결 과정에서 관리자가 인지적 오류에 빠지면, 스스로 그것을 인지하지 못하기에 개인이나 조직에 심각한 영향을 미칠 수 있다. 이러한 오류를 막기 위해 동료, 상사, 직원들에게 다양한 의견을 수렴해 자신이 놓친 문제의 함정을 객관적 시각에서 이해할 필요가 있다. 이런 피드백을 통해 자신의 생각을 검증하고 다양한 대안을 개발해야 한다.

관리자가 다양한 의견을 수렴하는 브레인스토밍도 효과적인 방법이다.

## 발상을 전환하라

문제해결 과정에 개입되는 인지능력은 논리를 뛰어넘는 창의성이다. 이 과정에서 논리적 추론 방식을 체계적으로 학습하지 않으면, 창의성이 일종의 비논리성으로 나타날 수 있다. 이런 비논리성은 개인의 고정관념, 인지 오류, 판단 오류 등에 의해 형성된다. 따라서 발상 전환을 위해서는 논리적 추론에 대한 학습과 함께 비논리성을 극복하기 위한 노력이 필요하다. 발상 전환을 위해 다음의 방법을 사용해 보자.

- 문제를 바라보는 관점을 바꾸어 본다. 제3자의 시각에서 보면 지금까지 당연히 문제로 생각했던 것을 다르게 해석할 수 있다.
- 문제의 구성요소들을 세분화한 다음 재결합해 보자. 세분화된 요소들이 다시 결합되는지를 확인한다.
- 당면한 문제를 '원인 - 현재 상황 - 기대하는 결과'로 세분화해 보자.
- 당면한 문제와 비슷한 문제를 경험한 적이 있는지 떠올려 보자. 이전에 사용한 해결책은 어떤 시사점을 주는지 확인해 본다.
- 해결해야 하는 문제에 얽매이지 말고, 잠시 휴식 시간을 가져 본다. 당면 문제를 새로운 관점에서 바라볼 수 있다.

## 분석적 사고 기법을 활용하라

문제를 창의적으로 해결하려면 문제를 분류, 연계해 보고 다시 큰 틀에서 조정, 통합하여 원리를 찾아내는 인지구조를 발달시켜야 한다. 인지구조는 개인의 경험과 지식 축적에 의해서 형성되며, 학습을 통해 정교하게 구조화된다. 따라서 인지구조가 잘 발달해 있지 않거나, 문제의 구성요소를 명확히 정의하지 못하거나 요소 간의 관계성을 분석하지 못하면 문제해결력이 떨어진다. 환경 분석기법으로는 벤치마킹, 우수 사례분석, 가상 경쟁사를 설정하기 등을 활용한다.

리더십
코칭

## 착시상관의 오류

실제로는 별로 관련이 없는 요인들인데 상관이 있는 것으로 해석하고 판단하는 오류를 착시상관(illusory correlations)이라고 한다. 착시상관은 문제상황을 해석하거나 타인을 판단할 때, "~한 모습(특징)은 ~하기 때문이다."와 같은 사고에 얽매이는 것이다. 이러한 오류가 일어나는 심리적인 원리는 사람들이 자신의 논리를 지지하는 정보에 더 주의를 기울이는 '선택적 주의집중'을 하기 때문이다. 이로 인해 대부분 자신의 논리를 지지하는 정보만을 기억하고, 비슷한 상황에 직면했을 때 기억된 정보가 쉽게 떠오르기 때문에 자료 해석에 영향을 미친다. 특히 고정관념, 사전 기대, 고착된 경험이 작용하면 착시상관에 빠질 가능성이 더 높다. 이와 같은 오류에서 벗어나려면 논리적, 분석적 사고를 해야 한다.

## 목표를 염두에 둔 전략적 사고를 하라

문제를 해결함으로써 얻고자 하는 명확한 목표가 있느냐 아니냐가 목표달성에 큰 영향을 미친다. 목표달성을 위한 큰 그림은 단위 요소들이 지닌 연계성을 인식할 수 있도록 해주며, 이를 전략적으로 통합, 활용할 수 있게 한다. 전략적 사고를 위해서는 당면한 문제를 해결함으로써 달성하고자 하는 목적과 목표를 이해하고 나서 문제해결을 시도해야 한다.


## 7단계 문제해결 과정

일반적으로 문제해결 과정은 7단계 정도로 나눌 수 있다. 다음의 〈표 7〉에서 제시한 과정은 문제해결에 대한 기존 이론들의 공통 요인을 종합한 것이다.

1단계에서 4단계까지는 확산적 사고가 필요하다. 이는 다양하고 광의적인 관점에서 문제를 이해하고 원인을 분석하기 위함이다. 반면 5단계에서 마지막 단계까지는 수렴적 사고가 필요하다. 이는 협의적이고 구체적 해결방안을 찾고 평가하기 위함이다. 이런 방식으로 확산적 사고와 수렴적 사고를 거치는 문제해결 과정은 깔때기 모양과 비슷하여 '깔때기형 사고 과정'이라고 부르기도 한다.

| 단계 | 질문 내용 | 방법 |
|---|---|---|
| 1. 환경분석 | - 언제, 어디서, 어떻게 문제가 발생한 것인가?<br>- 문제에 관여된 사람(들)이 누군인가?<br>- 잘못된 것이 무엇이며, 어느 정도 심각한가? | 문제상황에 대한 관찰, 문헌자료 수집, 심층 인터뷰를 실시한다. |
| 2. 문제규명 | - 쉽게 해결할 수 있는 문제는 무엇인가?<br>- 사실에 근거하여 객관적으로 표현하였는가?<br>- 타인도 무엇이 문제인지 이해하는가?<br>- 문제를 해결하여 얻고자 하는 바가 무엇인가? | 당면 문제의 현재상태와 기대상태를 진술하여 비교한다. |
| 3. 원인분석 | - 가장 중요한 문제점이 무엇인가?<br>- 문제점들 간에 공통점과 차이점은 무엇인가?<br>- 문제의 근본원인은 무엇인가? | 원인들 간의 인과관계나 잠재적 원인을 찾기 위해 "왜?"라는 질문을 반복한다. |
| 4. 해결방안 개발 | - 현재 상황에서 목표로 나가는 길은 무엇인가?<br>- 문제해결을 위한 최적의 방법은 무엇인가?<br>- 해결방안을 찾을 때, 나의 직무적성이나 경험에 너무 의존하는 것은 아닌가? | 브레인스토밍을 한다. |
| 5. 최적의 해결방안 선택 | - 가용한 해결방안은 모두 검토했는가?<br>- 문제해결을 위한 선택방안들이 적절한가?<br>- 해결방안 가운데 가장 효과적이고 효율적인 방안은 무엇인가? | 해결방안을 우수, 보통, 미흡의 단계로 평가한다. |
| 6. 계획과 실행 | - 문제해결 과정에서 실패할 잠재요소가 있는가?<br>- 문제해결을 잘못 시도했다면 대안은?<br>- 필요한 지원을 충분히 받고 있는가?<br>- 문제해결 기회를 잘 포착하고 있는가? | 실행계획서를 작성한 후 실행한다. |
| 7. 평가 | - 문제를 어느 정도 해결했는가?<br>- 타인(타부서)의 피드백은 무엇인가?<br>- 개선해야 할 점은 무엇인가? | 문제해결 방안의 효과를 평가한다. |

〈표 7〉 7단계 문제해결 과정

# 문제해결역량을 개발하기 위해 이렇게 해보자

우선 무엇이 문제인지를 명확히 파악한다. 성급한 결론이나 지금껏 해오던 방식을 그대로 적용하려 한다면, 올바른 해법을 얻지 못할 수 있다. 문제해결의 쟁점이나 핵심요소가 무엇인지를 명확히 파악한 후 이것을 집중적으로 해결하려고 노력한다. 무엇이 문제인지 파악하는 데 도움이 되는 정보가 있다면, 메모하는 습관을 기르는 게 좋다.

문제를 해결하는 방법을 최소 3가지 이상 생각해 본다. 대개는 이 가운데 좋은 해결방안이 있다. 한발 물러서서 객관적으로 문제를 바라보는 마음의 여유가 필요하다. 당면 문제의 중요성이나 심각성에 압도되어 원인을 충분히 분석하지도 않고 서둘러 분석하려고 하면 좋은 해답을 찾을 수가 없다. 설령 시간이 촉박한 상황이라 해도 마음의 여유를 잃지 말고, 표준화된 문제해결 과정을 따라 논리적, 이성적으로 사고하라.

문제해결 과정에 개입하는 인지 오류가 무엇인지 확인한다. 사람들은 경험과 선입견에 따라 원인과 해결책에 대한 결론을 내리기 십상이다. 따라서 선입견이 작용한 것은 아닌지, 원인은 제대로 분석했는지, 이전에 경험한 한 가지 사례를 일반화해 적용한 것은 아닌지 등을 면밀히 검토한다. 만약 자신의 문제해결 방식이 고착되어 있다면 앞의 7단계 문제해결 과정을 따라 해본다.

문제해결 방안을 실행하기 전에 다른 사람들의 다양한 의견을 들어 본다. 좋은 해결방안을 얻기 위해서는 다른 사람의 의견을 수용하면서 여러 가지 대안을 찾아보는 게 바람직하다. 또 과거 비슷한 문제해결 경험이 있는 직원이나 상사에게 의견을 묻는 것도 좋다. 여러 직원이 참여하는 브레인스토밍을 활용하는 것도 좋다. 브레인스토밍을 할 때는 다음 원칙을 따른다.

- 해결책으로 제시된 가능한 것들을 모두 목록으로 작성한다.
- 좋은 해결방안으로 보이는 의견이 나왔어도, 토론을 중단하지 않는다.
- 해결방안을 제시한 사람의 배경 설명을 들어 본다.
- 더 이상 의견을 낼 수 없을 때까지 계속해서 아이디어를 내본다.

너무 복잡하고 한번에 해결하기에 어려운 문제는 작은 단위로 쪼개 본다. 중압감을 느끼는 상태에서 해결책을 찾으려 하면 쉽게 좌절하거나 문제를 해결할 수 있다는 믿음을 잃는 경우가 많다. 문제 전체를 작은 단위로 나누어 해결책을 생각해 보면서, 다른 사람들의 의견을 들어 보는 노력도 필요하다.

# 7장

## 거시적 사고

"태산에 올라가면 천하가 작게 보인다."

— 중국 격언

하늘을 높이 나는 매는 지상에 있는 먹이의 이동을 정확히 파악하기 때문에 성공적으로 사냥을 한다. 관리자도 마찬가지다. 큰 틀에서 자신이 수행하는 업무나 조직을 볼수록 시행착오는 줄어들고 성공 가능성은 높아진다. 이러한 거시적 사고능력을 지닌 관리자는 현실적인 문제에 대해 합리적인 해답을 찾는 데 정통할 뿐만 아니라 미래를 내다보는 지혜도 뛰어나다. 그러나 특정 분야에 해박한 전문지식이 있다 해도 다양하고 풍부한 경험이 없으면 거시적인 안목을 갖기 어렵다. 또 만약의 상황을 가정하는 사고력이나 분석적 사고력이 부족하다면 현재를 넘어서는 미래지향적인 사고를 하기 어렵다.

반대로 지나치게 거시적 사고에 몰두하다 보면 현재의 사건이나 문제의 본질을 놓쳐 비현실적인 주장을 펼칠 수도 있다. 그리고 현실성을 강조하는 의견을 무시하거나 배척할 수도 있다.


## 거시적 사고와 리더십

숲 안에 있으면 나무 하나하나의 특성은 자세히 알 수 있으나 숲 전체를 볼 수는 없다. 그러나 산 정상에서 내려다보면, 자신이 보았던 나무는 숲의 한 부분임을 알게 된다. 우리가 숲을 보느냐 아니면 나무를 보느냐에 따라 세상을 이해하는 바가 달라진다. 그러나 나무와 숲은 별개가 아니라 어디에 초점을 두느냐의 차이일 뿐이다. 그리고 숲을 본다는 것은 사물을 거시적인 관점에서 본다는 의미다.

거시적 사고력이 뛰어난 관리자와 그렇지 못한 관리자의 차이는 분명하다. 거시적 사고력을 지닌 관리자는 문제의 원인을 찾을 때, 조직 내부뿐만 아니라 외부 요인들까지 함께 고려한다. 반면 거시적 사고력이 부족한 관리자는 조직 내에서만 원인을 찾으려 한다. 거시적 사고는 리더십 개발에서 다음과 같은 중요한 의미를 갖고 있다.

- 거시적 사고는 사고와 행동에 명료성을 준다. 당면한 문제가 조직 목표와 근본적으로 어떤 관련이 있는지를 알게 하여 문제해결 방향이 분명해진다. 따라서 거시적인 사고로 의사결정을 내리는 관리자는 자신의 결정에 확신을 갖게 된 다.

- 거시적 사고는 사고 범위를 넓힌다. 프로젝트 책임자(project manager)가 거시적 사고로 프로젝트를 추진할 때는 단위 프로젝트에만 국한하지 않고 전체적인 맥락에서 추진 방향을 고려하고, 기존 사업과 연관성을 고려해 해결한다.

- 거시적 사고는 직무에 몰입하게 한다. 비전이 조직의 관점에서 큰 그림을 보여 주는 것이라면, 거시적 사고는 개인적인 관점에서 큰 그림을 그리는 것이다. 따라서 거시적인 관점에서 사업을 바라보

## 사건의 맥락에 주목하라

큰 원판의 한가운데에 작은 점이 있다고 가정하자. 만일 원판이 검은색이고 점이 흰색이라면, 흰색 점은 어떤 색으로 보일까? 반대로 흰 원판 한가운데에 검은색 점이 있다면, 검은색의 점은 어떤 색으로 보일까? 둘 모두 점은 회색으로 보인다. 점 자체의 색은 고유하지만 어떤 맥락에서 보느냐에 따라 달리 보인다. 이것을 심리학에서는 맥락효과(context effect)라고 한다. 사람들의 사고와 행동도 어떤 맥락이 있다. 상대방의 말, 당면 문제에 대한 인식, 매출액 추이, 증권시세 등도 맥락을 알면 내용을 더 정확히 이해할 수 있다. 효과적으로 리더십을 발휘하지 못하는 관리자는 사건이나 문제의 내용이나 결과에 지배받는 경향이 높다. 반면 효과적으로 리더십을 발휘하는 관리자는 결과 중심으로 사건이나 내용을 보기보다는 문제가 발생한 맥락 속에서 이해하려고 노력한다.

았을 때 추진하는 것이 의미 있고 중요한 것이라면 개인은 그 사업을 성공적으로 이루려고 더 몰입하게 된다.

## 거시적 사고의 필요성

거시적인 사고의 필요성은 개인의 직무특성, 조직에서의 역할, 근무조건, 개인의 인성 등에 따라 차이가 있다. 그러나 분명한 것은 관리자의 직급이 높아질수록 거시적 사고 역량이 더 중요해진다는 사실이다. 고위 관리자에게 거시적 사고력이 떨어진다면 자신의 담당 부문이나 직무에 국한해서 협소하게 문제를 바라볼 가능성이 높다. 큰 틀에서 문제를 이해하고, 개선점을 도출하고, 혁신하는 능력은 조직 내에서뿐만 아니라 대외경쟁력을 양성하는 데도 필요하다.

- 기획, 전략, 혁신, 마케팅, 연구개발을 이끌어가는 관리자는 당면 문제와 과제를 큰 틀에서 볼 수 있는 거시적 마인드와 사고능력을 가져야 한다.
- 본사와 전국 지사로 구분되어 있는 조직에서 주로 지사에 근무한 관리자가 본사로 발령받은 경우, 자신의 업무와 역할을 좁은 시각에서 수행할 가능성이 높다.
- 정보시스템 운영 및 관리업무를 맡던 직원이 관리자로 승진했거나 현재 관리자로 있는 경우, 다른 관리자보다 거시적 사고력이 부족할 수 있다.

- 초급관리자에서 중급관리자, 중급관리자에서 고급관리자로 최근 승진한 신임 관리자들은 자신의 역할에 맞는 거시적인 사고능력이 동일 직급의 관리자보다 부족할 수 있다.
- 국내시장을 중심으로 마케팅이나 영업을 담당했던 관리자가 해외 마케팅이나 영업을 담당하는 경우, 상대적으로 거시적 사고능력이 부족할 수 있다.
- 특정 직무전문성을 갖고 오랫동안 동일한 직무를 담당해 온 관리자는 다른 직무에 대한 경험 부족으로 협소한 사고를 할 가능성이 높다.
- 내성적이며 보수적이고 업무관리와 자기관리에 계획적이고 치밀한 관리자일수록 자기관점이 분명하기 때문에 협의적인 사고를 할 가능성이 높다.

## 거시적 사고를 향상시키는 방법

리더는 자신이 속한 조직을 바깥에서 들여다보면서 외부 요인들이 조직에 어떠한 영향을 미치는지를 분석하고 이해할 수 있는 능력이 필요하다. 더불어 조직 안에서 바깥을 보는 시각도 필요하다. 밖에서 안을 들여다보는 능력과 안에서 밖을 내다보는 능력이 결코 별개의 것은 아니다. 관리자는 필요에 따라 안과 밖을 동시에 볼 줄 알고 다양한 시각을 종합하여 최적의 해석과 해결방안을 제시해야 한다. 이를 위해서는 다양한 사고 기술을 키우고 다양한 시각을 지녀야 한다.

## 대안적 사고력을 키워라

사물을 보는 관점을 확대시키려면 한 가지 사고방식에 얽매이지 말고, 여러 대안을 함께 고려할 줄 알아야 한다. 이러한 대안적 사고는 다른 관점에서 해석하거나 기존 관점과는 완전히 다른 해석을 내놓을 수 있게 한다. 결과적으로 이전에는 생각할 수 없는 새로운 해결책을 제시하는 것도 가능하다. 기존의 사고에 구속되면 새로운 시각을 갖기 어렵다.

대안적 사고 방법으로는 가정적 사고와 시각화가 있다. 가정적 사고는 실제로 일어나지 않은 사건이지만, 일어났을 때를 가정해 보는 것이고, 시각화는 당면 상황과 문제가 앞으로 어떻게 전개될 것인지를 시각적으로 떠올려 보는 것이다.

## 맥락적 사고력을 키워라

맥락(context)을 고려하는 것은 시각의 확대를 의미한다. 관리자가 직원들의 사기가 떨어진 이유를 찾는다고 가정하자. 만일 사기가 떨어진 이유를 직원에게서 찾는다면, 아마 직원이 지난 인사평가에서 낮은 등급을 받았기 때문이라고 생각할 수 있다. 그러나 만일 관점을 확대하여 팀이나 조직 차원에서 생각한다면 다른 해석이 가능하다. 예를 들어, 새롭게 상대평가 제도를 도입했는데, 우수한 평가를 받은 직원들이 많아서 그 직원의 평가 등급이 상대적으로 낮아졌다고 볼 수 있는 것이다. 이처럼 문제를 바라보는 맥락을 확대할수록 다양한 사항들을 고려하게 된다.

관리자는 내용과 맥락을 동시에 고려해야 한다. 내용과 맥락이 어떤 연계성을 지니고, 또 어떤 영향을 미치는지 명확하게 이해해야 한다. 맥락의 범위를 확대하면 할수록 문제를 보는 시각도 확대되고, 문제에 영향을 미치는 다양한 요소들을 종합적으로 고려할 수 있는 기회가 많아진다. 맥락적 사고를 하기 위해 아래의 질문에 답해 보자.

- 문제 발생의 배경은 무엇인가?
- 당면 문제의 이해관계자들은 누구인가?
- 그 사건이 지금 이슈가 되는 이유가 무엇인가?
- 이 문제가 해결됨으로써 우리가 얻는 것은 무엇이고, 상대방이 잃는 것은 무엇인가?
- 우리가 생각하지 못한 사항이 더 있는 것은 아닌가?

### 구조적 사고력을 키워라

팀이나 부서를 운영하는 관리자는 조직과 관련된 다양한 문제나 사건에 직면한다. 이때 가장 당황스러운 것은 근본적인 원인이 잘 파악되지 않는 것이다. 비록 다양한 문제 원인들이 감지되지만, 이들 원인이 독립적으로 문제와 관련되는 게 아니라, 서로 밀접한 관련이 있어서 그 실체를 파악하기 어려운 것이다. 이처럼 문제를 어디서부터 풀어야 할지 막막한 상황에서는, 얽혀 있는 문제 원인들을 구조적 측면에서 바라볼 필요가 있다.

# 거시적 사고를 개발하기 위해 이렇게 해보자

사회변화에 대한 책을 읽어 본다. 앞으로 사회가 변화함에 따라 당신이 속한 조직이 어떤 영향을 받을 것인지, 개인에게는 어떤 변화가 올 것인지를 요약 정리해 본다. 정리한 내용을 통해 공통적으로 드러나는 특징을 살펴본다. 향후 예상 가능한 새로운 변화에 대한 총체적인 그림을 그려보자. 당신의 경험과 예상되는 변화 사이에 일치하거나 불일치하는 것은 무엇인지 기록해 본다.

5년 후, 10년 후 회사의 모습이 어떠할지 토론을 해본다. 서로 다른 직무를 담당하고 있는 사내 직무전문가들과의 토론을 통해 예상 가능한 변화를 공통적인 시각에서 이해하는 것이 중요하다. 도출된 아이디어를 정리하고 그 시사점을 찾아본다. 토론 시에 다음 질문을 해본다.

- 현재의 모습은 앞으로 어떻게 달라지는가?
- 현재의 모습을 새롭게 변화시키는 변화촉진요인이 무엇인가?
- 우리가 버려야 할 것과 새롭게 취해야 할 것은 무엇인가?
- 앞으로 기존의 의식, 사고, 행동은 어떻게 변화할 것인가?
- 지금 무엇을 준비해야 하는가?

TV프로그램, 도서, 영상물을 통해 동물의 생태를 관찰해 보자. 그리고 그 동물의 생활을 지배하는 원리가 무엇인지를 찾아본다. 그러한 원리를 내가 속한 조직에도 적용할 수 있는지 생각해 본다. 예를 들면 디스커

버리채널(Discovery channel)에서 방영하는 동물의 생태에 관한 프로그램을 본 뒤 동물의 집단생활을 지배하는 원칙, 집단에서 보이는 동물의 행동 등을 주의깊게 관찰하고 그것의 시사점을 토의해 본다.

일상 업무에서 벗어나 새롭게 세상을 경험을 해보자. 여행, 봉사활동, 스포츠, 다른 나라의 음식을 먹어 보는 등의 이국 체험 등을 시도해 본다. 생활 방식이나 습관이 다른 국내 또는 해외여행을 통해 관심과 사고의 폭을 넓히고 상식을 풍부하게 한다. 거시적 사고는 다양한 취미, 풍부한 상식과 경험에서 나온다. 거시적 사고는 문화와 사고의 차이를 이해하고 다양성을 수용하는 자세가 필요하기 때문이다. 또 다음과 같은 활동에도 도전해 보자.

- 외국의 사업 파트너와 업무교섭을 하는 역할을 담당한다.
- 배경이 다양한 팀원들로 구성된 작업팀(TFT)을 맡아본다.
- 타 문화에 대한 정보와 경험을 나누는 모임에서 활동한다.
- 비즈니스 목적으로 여러 나라에 출장을 가본다.
- 외국 방문객을 접대해 본다.
- 다국적 프로젝트에 참여해 본다.

프로젝트가 원만하게 추진되지 않는 원인이 어디에 있는지 정리해 본다. 먼저 프로젝트에 영향을 미치는 요인들을 열거해 본다. 그리고 각 요인들이 현재 프로젝트와 어떻게 관련되어 있는지 분석한다. 이들 요인이 성공 촉진요인인지 방해요인인지 진단한다. 방해요인인 경우 그 해결책을 마련해 본다.

- 프로젝트에 영향을 미치는 요인을 통제 가능한 것과 불가능한 것으로 나누어 본다. 통제 가능한 요인 가운데 방해요인으로 작용한 것을 알아보고, 이를 효과적으로 관리하지 못한 이유가 무엇인지 확인한다.
- "만약 ~했더라면"이라는 가정적 사고를 통해 방해요인을 해결할 수 있는 다른 방법은 없었는지 찾아본다.
- 프로젝트 추진의 상황적 맥락을 생각해 본다. 프로젝트와 관련한 이해관계자는 누구인가? 프로젝트의 문제점이 부각된 배경은 무엇인가? 외부에서 바라보는 방해요인과 내부에서 바라보는 방해요인에 어떤 시각차이가 있는가?
- 지금 문제를 해결하기 위해 준비해야 할 것은 무엇인가?

# 8장

## 혁신성

오늘날 급변하는 환경에 적응하고 경쟁우위를 점하려면 어느 때보다 혁신적인 사고가 절실하다. 혁신이란 기존의 사고방식과 습관적인 행동을 깨뜨릴 때 가능하다. 혁신을 위해서는 업무효율을 높일 수 있는 새로운 업무방식의 시도, 벤치마킹하는 실험정신, 창의적인 문제해결 능력 등이 필요하다.

혁신성이 부족하면 위험을 회피하려 하거나 실패를 두려워한다. 또 자신의 업무경험에서 오는 주관적 판단과 일반적 성공논리에 얽매여, 타인의 창의적이고 기발한 아이디어를 무시하거나 새로운 아이디어의 적용을 기피할 수 있다. 반대로 혁신성이 지나치면 과거의 가치를 경시하거나 새로운 것만 추구할 위험이 있다. 또 창의적인 사람을 선호하고 그렇지 못한 사람을 차별할 가능성이 있다.

## 창의성과 혁신의 관계

기업 현장에서 관리자들의 대화를 듣다 보면, 혁신과 창의성의 차이를 분명히 인식하지 못하고·혼동하는 예가 많다. 제임스 히긴스(James Higgins)는 창의성과 혁신성의 차이를 명확히 제시하고 있다. 독창성은 이전에는 없었던 완전히 새로운 것을 말한다. 그러나 아무리 독창적이라도 가치를 동반하지 않으면 창의적이라고 볼 수 없다. 다시 말해 창

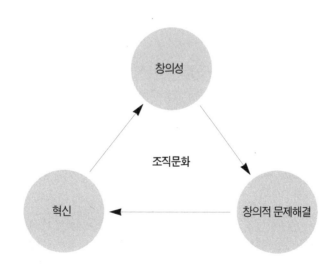

[그림 2] 창의성과 혁신의 순환 관계

의성이란 독창적 아이디어를 가치 있게 만들어 가는 과정이다. 이렇게 '가치'라는 관점에서 창의성과 혁신은 개념적 유사성이 있다. 그러나 혁신은 창의적 활동을 통해 집단에 중요한 가치를 창출해 주는 과정인 반면, 창의성은 개인적 차원의 가치 창출 과정이다. 따라서 기업의 측면에서 새로운 가치가 창출될 때 이를 혁신 활동이라고 볼 수 있다.

## 4가지 유형의 혁신

혁신은 독창적인 아이디어를 통해 가치를 창출하는 과정이다. 이러한 가치창출은 어떻게 일어나는가? 마이클 포터(Michael Porter)는 혁신을 4가지 유형으로 구분하였다. 즉 제품혁신(product innovation), 과정혁신(process innovation), 마케팅혁신(marketing innovation), 그리고 경영혁신(management innovation)이 그것이다. 여기서는 포터가 제시한 유형별로 대표적인 혁신 사례를 분석해 봄으로써 아이디어가 가치를 창출하는 핵심과정을 살펴보도록 한다. .

### 제품 혁신

제품혁신은 새로운 상품이나 서비스 개발 그리고 기존 상품이나 서비스를 개선하는 활동을 말한다. 다음 사례들은 상품 구성 요소들을 새로운 개념으로 통합해 신상품을 개발하거나 기존 상품에 대한 고정관념에서 벗어나 새로운 개념으로 상품을 구성한 것들이다.

만년필 1884년 보험회사 직원이던 루이스 워터맨(Lewis Waterman) 은 모세관현상을 이용해 펜과 잉크를 결합한 만년필을 만들었다. 기존 에는 펜으로 잉크를 찍어 쓰는 불편함이 있었다. 그러나 만년필은 이 두 요소를 기능적으로 결합한 것이다. 초기에는 수제품으로 주문에 의 한 생산 판매를 하였으나 1899년 공장을 세워 본격적인 생산 판매를 하였다. 만년필은 '고객의 필요가 발명의 원인'이라는 사례에 해당한 다. 나중에 조지 파커(George Parker)는 만년필에 클립을 추가해 주머 니에 꽂을 수 있도록 하여 휴대성을 높였다.

면도날 1901년 킹 질레트(King Gillette)는 면도날을 분리해서 교체하 는 방식을 생각했다. 분해와 조립의 아이디어가 혁신적인 상품을 탄생 시킨 비밀이었다. 1902년부터 생산에 들어갔으나, 초기에는 51개의 면 도기와 168개의 면도날만 판매하였다. 제1차세계대전 중에 병사들에 게 지급되었다가 그들이 귀환하고 난 다음부터 대중화되었다. 질레트 는 현재 200여 국에 지사가 있으며, 알카라인 전지인 듀러셀(Duracell) 과 칫솔 오랄비(Oral-B) 등 10여 가지의 상품을 판매하는 세계적인 기 업으로 성장하였다.

부드러운 쿠키 과자에 대한 기본적인 통념은 바삭바삭하다는 것이다. 데비 필즈(Debbi Fields)는 초콜릿을 넣은 부드러운 쿠키를 만들었다. 사업 경험이 전무했던 평범한 주부였던 필즈는, 1977년 캘리포니아 팔 로 알토(Palo Alto)에서 미시즈 필즈 쿠기(Mrs. Fields Cookies)라는 가게를 처음으로 열었다. 1990년에 프랜차이즈를 시작하여 현재는 미국에 650개의 지점이 있고, 세계 11개국에 65개 지점이 있다. 과자에 대한 고정관념에서 벗어나 혁신적인 상품을 개발한 사례다.

　익일배송 서비스 페덱스(Fedex)는 새로운 서비스가 고객 수요를 창출할 수 있음을 보여 준 대표 사례다. 프레드 스미스(Fred Smith)는 페덱스에 익일배송 서비스를 도입하였다. 미국의 UPS(United Parcel Service), 미국 우체국, 에머리 항공화물(Emery Air Freight) 등도 이전에 이러한 서비스를 도입하려고 했으나, 고객 수요가 없을 것으로 판단하였다. 고객 수요가 새로운 서비스를 창출하는 게 아니라 새로운 서비스가 수요를 창출하기도 한다.

## 과정 혁신

과정혁신은 조직 내의 생산과정, 인적자원관리, 재무관리 등에서 효율성을 높이는 개선 활동을 말한다. 여기서는 주로 제조과정의 혁신 사례들을 살펴본다.

　셀 생산방식　캐논(Cannon)의 셀(Cell) 생산방식이 포드 시스템을 대체하는 새로운 생산방식으로 떠오르고 있다. 1908년 도입된 포드 시스템은 철저한 제조공정의 분업화와 컨베이어벨트를 도입해 평균 조립시간과 자동차 가격을 10분의 1로 줄였다. 이 생산방식은 단위시간당 제품 생산량을 증대해 대량생산을 가능하게 했고, 이에 따라 제품 가격도 획기적으로 떨어뜨렸다. 그러나 소비자 요구의 다양화와 작업자의 근로 의욕 저하, 대규모 투자를 요구하는 정보기술과 미래에 대한 불확실성 등으로 기업들은 또다시 생산혁신을 추진해야 했다. 캐논은 이러한 변화에 대응하여 1988년 컨베이어벨트를 없애고, 8명 안팎의 인원으로 한 조를 짜 제품별로 전체공정을 책임지도록 했다. 이러한 생산방식의 혁신으로 캐논은 매출액이 26%, 순이익이 294% 증가하였다.

적기생산방식 도요타(Toyota)는 초기에 생산성 향상을 위하여 대량생산방식인 포드 시스템을 도입하였다. 그러나 1949년 경제불황 이후 포드 시스템이 일본 문화에 잘 맞지 않음을 간파하고, 1970년대부터 린 생산방식(Lean Production), 다시 말해 필요한 때에 필요한 만큼만 생산하는 적기생산방식(Just-in-Time)으로 전환하였다. 이로써 재고관리비용이 절감되었고 관리와 부품구매인력도 감소하는 효과가 나타났다. 불량품이 발생하면 공정을 중단하는 라인스톱제(Line Stop System)를 도입하여 문제점을 생산 현장에서 바로 알아내 불량률을 대폭 줄였다. 또 작업자가 조립시간을 단축할 수 있도록 행동변화를 함께 추진하여 생산방식에 효율성을 더하였다.

공급망 관리 휴렛 패커드(Hewlett-Packard : HP)는 소비자 요구에 맞는 프린터 제품을 공급하기 위하여 지연전략을 공급망관리(supply chain management) 방식으로 도입하였다. 캐나다에서 생산되는 프린터를 유럽과 아시아에 공급하는 데 한 달 이상의 시간이 걸리면서 물류센터에 재고가 쌓이는 문제가 생긴 것이다. 휴렛 패커드는 재고관리비용 감소를 위해 다양한 소비층에 공통적으로 요구되는 부분까지만 반제품으로 자국에서 생산하고, 나머지는 해당 소비국에서 완제품으로 생산하였다. 이 전략으로 소비자의 요구에 더 빨리 맞춤형으로 대응할 수 있었고, 재고비를 18%로 절감하는 효과가 있었다.

## 마케팅 혁신

마케팅혁신은 상품판촉, 유통, 가격, 홍보 등의 변화를 통해 가치를 창출한다는 관점에서 시작되었다. 특히 인터넷과 같은 정보기술이 마케팅 수단으로 새롭게 정착하면서, 기존 경쟁시장의 판도를 바꾸는 사례도 관찰된다.

**주문생산형 직접판매**　마이클 델(Michael Dell)이 창립한 델컴퓨터는 웹 기반의 주문생산형 직접판매방식으로 미국 컴퓨터 제조업계에서 1위를 차지하였다. 일반적인 컴퓨터 판매방식은 매장을 중심으로 하지만 델컴퓨터는 온라인 판매를 중심으로 하였다. 델컴퓨터는 중간유통경로를 배제하고, 고객의 요구에 제품의 사양을 맞추는 주문생산방식을 채택하였다. 이 방식은 가격 통제가 쉽고 재고자산회전율을 극대화하기 때문에 생산성과 수익이 높아진다. 또 고객과 부품업체와 직접적인 접촉을 통해 시장 변화를 인식하고 이에 재빨리 대처하였다.

**제3의 장소**　하워드 슐츠(Howard Schultz)는 커피의 맛과 향으로 기존 경쟁사의 상품과 차별화를 시도했다. 그가 1987년 설립한 커피 전문점인 스타벅스는 세계 최고의 품질을 자랑하는 아라비카산 원두를 원료로 맛과 향이 뛰어난 커피를 제공한다. 스타벅스의 매장 컨셉은 단순히 커피를 마시는 곳이 아니라 집, 일터, 학교 등의 개념이 총합된 제3의 장소(the 3rd place)로 설정하였다. 커피를 서비스하는 직원(barista)도 판매원이라기보다는 고객과 편안히 대화할 수 있도록 관계를 설정하였다. 스타벅스는 커피의 품질을 고급화하고 가격도 높게 책정해 차별화된 마케팅을 추진하였다.

감성 마케팅 미국 오레곤 주의 중소 지방은행인 엄콰 은행(Umpqua Bank)은 기존의 은행 이미지에 변화를 시도한 감성 마케팅 전략으로 시장점유율을 끌어올리고 있다. 전통적으로 은행은 철망이 있고, 삼엄한 경비 태세를 갖추고 있으며, 신속히 업무를 보는 곳이라는 통념이 있었다. 1995년 엄콰 은행은 고객의 친구며 재정적인 보호자라는 이미지를 구현하기 위해 은행에 고객이 쉴 수 있는 공간을 결합했다. 고객이 아주 짧은 순간 동안 머무르다 가더라도, 그 시간이 고객의 삶에서 의미 있는 시간과 공간으로 체험될 수 있도록 한 것이다. 이를 위해 은행을 호텔 로비 분위기로 꾸몄다. 커피향, 은은한 조명, 책을 읽을 수 있는 공간을 만들었다. 엄콰 은행은 자사의 한두 개 점포를 테스트 마켓으로 하여 여러 가지 체험 마케팅을 시도하고 있다.

디지털 마케팅 피에르 오미다르(Pierre Omidyar)는 1995년 인터넷 경매사이트인 이베이(eBay)를 설립하였다. 이베이는 디지털 마케팅의 대명사라고 할 수 있다. 인터넷은 소매업자들이 최고의 수익을 올릴 수 있는 중요한 마케팅 수단으로 인식되고 있다. 이베이의 수입 중 약 80%가 이 사이트를 이용하여 물건을 판매하는 고객에게서 나온다. 이들 고객 규모는 전체의 약 20% 수준이다. 한 마케팅 조사 결과를 보면, 조사대상자의 70% 이상이 이베이가 자신의 수익에 기여했다고 응답하였다. 이베이는 상품 구매나 판매 그리고 경매 서비스를 제공하고 있다.

## 경영 혁신

경영혁신은 조직관리 방식의 개선을 통한 효율성 제고를 지향한다. 기존의 사례들을 보면, 경영혁신은 단순히 조직의 시스템만을 바꾸는 게 아니라, 조직문화와 연동해 추진하는 것이 특징이다. 경영혁신은 직원의 마인드 변화를 수반하지 않고는 성공할 수 없다.

GE의 워크아웃  GE의 잭 웰치는 관료적인 조직문화로 인한 의사결정 지연과 경쟁력 약화로 시장점유율이 단계적으로 하락하는 위기를 조직혁신으로 극복하였다. 웰치는 사업구조를 핵심제조, 첨단기술, 서비스군으로 재편하고, 핵심사업이 아니라고 판단되는 경우에는 과감하게 처분하였다. 조직문화 차원에서는 워크아웃 제도를 통해 조직분위기를 쇄신하고, 세션 C와 같은 인사제도를 통해 우수인재를 전략적으로 육성했다. 또한 1995년 식스시그마를 도입하여 품질향상을 시도하였고, 품질 평가기준을 기업의 관점에서 고객과 프로세스의 관점으로 전환시켰다. GE는 품질관리를 통해 5년간 120억 달러의 비용절감 효과를 달성했다.

닛산의 성과주의  1999년 르노는 일본 닛산자동차의 지분을 인수하고 카를로스 곤(Carlos Ghosn)을 CEO로 임명하였다. 일본 자동차 기술의 자존심인 닛산의 몰락 원인은 관료적 경영과 기술중심의 사고에 있었고 상품기획과 마케팅 면에서도 시장요구에 대한 대응부족 등이 문제점으로 분석되었다. 곤 사장은 닛산 회생계획에 따라서 닛산의 자존심인 무라야마 공장과 보유주식 등을 매각하여 부채를 줄여 경영개선을 시도하였다. 또 인사조직 면에서도, 관료적 경영관행을 타파하기 위하여 철저한 성과주의를 도입하였다. 직원의 공헌도는 고객중시, 책임과 의사결정, 수익지향, 혁신성과 유연성, 비전 공유와 글로벌 마인드 등으로 측정하여 평가했다. 직원들의 장점을 활용하고 업적을 칭찬하는 '석세스카드(Success Card)'라는 칭찬 카드제를 도입하고, 성과평가를 토대로 자기계발을 실시하는 PMD(performance & management development) 면담제도를 실시하였다.

## 조직혁신을 위한 관리자의 역할

『좋은 기업을 넘어 위대한 기업으로』의 저자인 짐 콜린스(Jim Collins)는 혁신적인 기업이 될 수 있느냐는, 주위에서 쉽게 접할 수 있는 창의성을 혁신요소로 발전시켜 어떻게 현실화하는가에 달려 있다고 보았다. 그들은 혁신적인 기업이 되기 위한 6가지 요소를 다음과 같이 제시하고 있다.

- 주변의 창의적인 아이디어들을 수용하라.

- 고객 관점에서 생각하고 해결책을 마련하라.
- 실험과 실패를 두려워하지 말고 아이디어를 실행하라.
- 창조적 인재를 채용하고 육성하라.
- 조직은 작은 단위로 쪼개고 직원에게 자율권을 주라.
- 창조적인 아이디어와 활동에 대해 보상하고 지원하라.

관리자가 혁신적 사고를 이끌어 내고 이를 조직 경쟁력으로 발전시키기 위해서 어떤 역할을 해야 하는지를 모색할 때, 이들 요소는 그에 대한 시사점을 준다. 아무리 독창적이고 창조적 아이디어라도 혁신으로 이어지지 않으면 의미가 없다. 관리자는 독창적인 아이디어를 혁신으로 연결하는 고리역할을 해야 한다.


## 혁신역량 개발을 위해 이렇게 해보자

평소에 '다르게 해결할 방법이 없을까?' 라는 질문을 자주 해본다. 업무를 수행하면서 이러한 질문을 던지고 해결책을 찾도록 노력한다. 이를 위해 먼저 해결해야 할 문제점을 적어 본다. 그리고 문제해결 요인을 '촉진요인' 과 '방해요인' 으로 구분하여 적어 본다. 현 상황에서 방해요인을 제거하거나 그 영향력을 줄일 수 있는 개선책을 '해결방안' 란에 적는다. 해결방안란에 적은 것과 촉진요인란에 적은 것이 서로 어떻게 연결되는지 비교해 보자.

| 해결해야 할 문제점 | 해결 촉진요인 | 해결 저해요인 | 해결방안 |
|---|---|---|---|
| | | | |

 

특정 상황을 가정해 연습해 본다. 최근 국내기업들이 외국에 공장이나 지사를 설립하거나 국내에서도 지역별 사업장을 가지고 있는 예가 많다. 이처럼 중앙에 본사를 두고 지역별로 여러 사업장을 운영하는 경우 회사 차원에서는 지원인력의 중복 문제가 대두될 수 있다. 만약 조직 혁신이 필요하다면 어떻게 해야 할까?

[시나리오]

본사 전략기획본부에서는 단위사업본부의 경쟁력을 제고하기 위해 핵심업무에 인력을 집중하고 그들의 전문성을 강화할 계획이다. 업무중복 문제를 해결하기 위해 20%의 인력효율화를 계획하고 있다. 현재 업무효율화를 위해 외부위탁제도를 도입해 운영 중이다. CEO는 지원인력 혁신을 중요한 과제로 제시하였다. 만일 당신이 이 문제를 해결하기 위한 혁신추진팀(TFT)의 팀장으로서 지원업무와 인력운영방식 혁신 프로젝트를 맡고 있다면, 이 과제를 어떻게 추진할 것인가?

우선 4인 1조로 팀을 구성한다. 각 조에서 2인은 전략기획본부의 역할, 나머지 2인은 단위사업본부의 지원인력 역할을 맡는다. 다음과 같은 문제를 토론하고 그 결과를 발표해 보자.

- 단위사업본부별로 수행하는 중복된 업무를 재구조화하여 업무와 인력효율화를 높일 수 있는 방안은 무엇인가?
- 위의 방안은 실현 가능한가? 실현 가능하다면, 예상되는 문제는 무엇인가? 전략기획본부와 단위사업본부의 입장에서 문제점을 분석한다.
- 당면 문제점을 해결하는 방안은 무엇인가?
- 당면 프로젝트 추진의 핵심성공요인(key success factor)은 무엇인가?

실패에서 성공을 일구어 낸 일화를 소개하는 책을 읽어 본다. 많은 경우 혁신적 사고는 자유롭고 유연한 사고와 풍부한 지식에서 형성된다. 독서는 다른 사람들이 어떤 사건을 겪고 어떤 생각을 해냈고 어떻게 혁신을 이루었는지 알 수 있는 중요한 수단이다. 책 속의 사례가 당면한 문제에 시사하는 점은 없는지 생각해 본다. 혁신적 사고는 서로 관련 없어 보이는 개념과 개념 또는 사건과 사건들이 새로운 관점에서 보면 의미를 지니게 되는 과정이다. 이는 논리적 사고와 분석 과정으로 이루어지지만, 때로는 직관적 사고가 해법을 제공하기도 한다.

업무를 추진하면서 실패한 사례들을 기록해 둔다. 그리고 실패한 원인들 사이에 어떤 관련성이 있는지를 찾아본다. 대부분의 사람들은 실패를 하는 경우에 원인을 따져보고 분석하기보다는 실패라는 부정적인 경험에서 헤어나지 못한다. 그러나 그 실패를 기회로 삼아 개선점을 찾는 노력이 필요하다. 역할놀이를 통해서도 실패를 극복하는 방안을 찾아볼 수 있다. 먼저 혁신 실패사례를 선정하고 한 사람은 관리자의 입장에서 다른 사람은 실무자의 입장에서 실패사례를 분석한다. 그리고 실패를 혁신 성공사례로 만들기 위해 각자 어떤 일을 해야 할지 토의해 본다.

문제를 개별적으로 접근하기보다는 거시적인 시각에서 점검하고 진단해 본다. 경쟁력을 유지하기 위해 제품원가를 떨어뜨리지 않으면 상황에 처해 있다고 가정해보자. 하지만 완제품을 만들기 위해서는 30개의 부품이 원활하게 공급되어야 한다. 당신은 이 문제에 대해 어떤 혁신적인 해결책을 내놓을 수 있겠는가? 이렇게 생각해 보자. 과연 30개 부품은 모두 독립적으로만 사용되어야 하는가? 두세 개 부품을 하나의 부품으로 결합할 수 없을까? 부품공급 회사의 생산라인에서 원가를 절감할 방법은 없는가? 각 회사에 공통적으로 적용할 수 있는 원가절감 방안은 없을까?

# 제3부

# 대인관계역량 개발전략

**창의적** 리더십연구센터의 연구결과에 따르면, 대인관계에서 겪는 문제가 관리자의 지속적인 성장을 가로막는 매우 중요한 요인이라고 한다. 조직에서 개인의 지위가 올라가고 역할이 중요해질수록 인간관계가 차지하는 비중은 더 높아진다. 일반 직원에서 관리자로 승진하면서 요구되는 새로운 역할은, 조직 성과를 달성하기 위해 직원들과 목표를 공유하고 팀을 활성화하는 것이다. 이를 위해서 관리자는 직원들과 신뢰를 바탕으로 한 관계를 형성해야 한다. 또 타인의 입장을 고려하고 감정을 배려하는 감정이입 능력과 자신의 감정을 조절할 수 있는 능력이 필요하다.

# 9장

## 정서관리

"화가 나거든 행동하기 전에 열까지 세어라.
화가 풀리지 않는다면 백까지 세어라. 그래도 안 되거든 천까지 세어라."

— 토머스 제퍼슨Thomas Jefferson, 미국의 제3대 대통령

정서관리 능력은 대인관계 형성과 유지에 결정적인 영향을 미친다. 대부분의 직원이 가장 심각하게 고민하는 문제는 상사와 원만한 관계를 유지하는 일이다. 정서관리 능력이 부족한 관리자는 자기중심적으로 행동하는 경향이 있다. 타인의 입장을 배려하지 않고 자신의 감정을 드러내기 때문에 직원들의 마음에 상처를 주거나 자존심을 상하게 하기도 한다. 그러나 문제는, 관리자 자신은 이런 모습을 정확히 알고 있지 못하다는 점이다. 왜냐하면 그들은 타인의 피드백을 잘 수용하지 않기 때문이다.

한편 지나치게 자신의 정서를 통제하다 보면, 직원들이 대하기 어려

운 상사가 될 수 있다. 직원들로서는 관리자의 심중을 알 수 없기 때문이다. 관리자는 자신의 정서를 엄격히 통제하는 이유를 상대방을 배려하기 때문이라고 생각하지만, 타인의 관점에서는 까다롭고, 냉철하고, 전략적이며 권모술수가 강한 사람으로 보일 수도 있다. 또 자신의 정서를 관리하는 과정에서 심한 스트레스를 받거나 마음의 상처를 입기가 쉽다.


## 정서관리 3가지 요소

정서는 사람들이 사회적 관계나 외부 환경을 통해 경험하는 심리적, 생리적 변화가 만드는 내적 상태다. 이런 내적 변화가 표정으로 나타나면, 사람들은 그것을 일종의 의사표현으로 받아들인다. 따라서 대인관계에서 정서적 표현은 언어를 통한 의사소통만큼이나 중요한 정보전달 수단이다.

정서관리의 핵심은 정서를 통제하는 것이다. 효과적인 정서관리는 다음의 요소를 고려해야 한다. 정서관리 리더십을 발휘하려면 '자기 자신－타인－상황'의 3요소를 종합적으로 고려해야 한다.

### 자기 자신

정서통제는 지금 경험하고 있는 정서에 대한 일종의 주인의식을 의미한다. 정서통제를 잘하는 관리자는 자신이 경험하는 정서에 대한 주인의식이 있다. 따라서 자신의 정서적 표현이 타인에게 어떤 영향을 미칠지 주의를 기울이고 관심을 가져야 한다.

## 타인

자신이 경험하는 정서를 어떻게 외부로 전달할 것인지는 스스로 내적 변화를 어떻게 통제하고 조절할 것인지에 달려 있다. 정서통제란 자신의 정서적 표현이 타인에게 해를 입히기보다는 도움을 줄 수 있도록 정서를 조절하는 일이다. 효과적인 정서관리 리더십을 발휘하는 관리자는 타인의 처지를 배려하는 능력이 뛰어나다.

## 상황

정서적 표현은 상대방과의 관계, 대화가 일어나는 상황 요소, 대인관계에 영향을 미치는 사회문화적인 요소 등에 따라 달라진다. 상황에 맞지 않는 정서적 표현은 대인관계를 망칠 수도 있다. 다른 사람은 겉으로 드러난 정서적 표현을 읽고 상대방의 기분, 생각, 의도 등을 추론하고 어떻게 대응할지를 결정하기 때문이다.

# 정서관리 능력이 부족한 관리자

정서관리는 기술이다. 기술이 부족하다고 해서 그 사람의 인성에 문제가 있는 것은 아니다. 그러나 정서관리가 미숙하면 대인관계에서 부정적인 영향을 미칠 수 있다. 정서관리 기술이 부족한 관리자 가운데는 순박하고 진실한 관리자가 많다. 또는 주관이 분명하고 성취지향적이고 도전적인 관리자들도 많다.

　정서관리에 실패하면 자신의 강점은 오히려 약점으로 작용하게 된다. 순박하고 진실한 성품은 나약하고 설득력이 부족한 관리자의 모습으로, 성취지향적이고 도전적인 리더십은 독선적이고 이기적인 관리자의 모습으로 비칠 수 있다.

　정서관리 기술이 부족한 관리자의 특성은 다음과 같다.

- 충동적이고 성격이 급하다.
- 자신의 감정 표현이 타인이나 주위에 미치는 영향을 고려하지 않는다.
- 자기 기준이 명확하여 일정수준 감정을 통제하다가 그 선을 넘으면 폭발한다.
- 선호하는 것과 옳고 그름이 분명하고, 흑백논리를 따른다.
- 주위에서 발생하는 사건에 대해 긍정적인 면보다는 부정적인 면에 민감하다.
- 실패의 원인을 자신에게서 찾기보다는 외부에서 찾으려고 한다.
- 자신의 생활이나 직무에 대해 불만족스러워 하고 불평불만이 많다.
- 타인의 실수를 이해하려고 하기보다는 질책하는 경향이 높다.
- 자존심이 아주 높거나 아주 낮다.
- 타인의 피드백을 수용하는 기술이 부족하다.

## 효과적인 정서관리 방법

관리자의 리더십을 진단할 때 공통적으로 나타나는 결과가 있다. 그것은 바로 대부분의 관리자들이 자신의 정서를 효과적으로 관리하지 못하고 있는 점이다. 즉흥적인 감정표현과 그것이 타인에게 미칠 영향을 고려하지 못한다. 이런 모습은 직원들을 긴장시켜 대화할 마음과 분위기를 이끌어 내지 못한다. 정서관리는 리더십의 중요한 요소다. 만약 정서관리에 어려움을 겪고 있다면, 다음의 방법을 활용해 보라.

### 내면의 정서 변화를 통제하라

정서관리를 잘하는 관리자는 무엇을 표현해야 할지 또는 어떤 표현을 통해 상황을 반전시킬 것인지 등을 종합적으로 고려한다. 반면 정서관리 능력이 부족한 관리자는 자신의 정서를 그대로 상대방에게 드러낸다. 상황에 따라서는 자신의 정서를 있는 그대로 드러내는 것이 솔직하고 가식 없다는 인상을 주기도 하지만, 때에 따라서는 상대방을 당황하게 하거나 마음에 깊은 상처를 주기도 한다.

효과적인 정서관리를 위해서는 다음과 같은 노력이 필요하다.

- 평소 자신의 내면에서 일어나는 심리적, 생리적인 변화에 주의를 기울인다.
- 내면적인 자신의 정서에 대해 주인의식을 갖는다.
- 정서적으로 불안정하다고 느껴지면 휴식을 취하면서 마음을 가라앉힌다.

- 부정적인 감정 상태를 피할 수 없다면, 제3자의 눈으로 자신의 모습을 관찰해 본다.
- 유머를 잃지 않도록 한다. 곤란한 상황을 긍정적으로 받아들이는 것도 습관이다.
- 내면의 변화를 정서로 표현할 때, 어떤 정서표현이 상황에 맞는지를 판단한다.
- 정서를 표현하기 전에 상대방이 어떻게 받아들일 것인지 추측해 본다.
- 정서를 드러냄으로써 상대방과의 관계가 어떻게 전개될지 미리 생각해 본다.

## 정서 표현도 전략적으로 하라

배리 슐렌커(Barry Schlenker)와 짐 테데스키(Jim Tedeschi) 같은 사회심리학자들은 사람들이 자신의 이미지를 관리하기 위하여 정체성(identity)을 만들어 낸다고 보았다. 정체성은 진솔한 자기의 모습일 수도 있지만, 사회적 역할과 상황에 따라 형성되는 것이기도 하다.

사람들이 '~ 하는 척한다'고 하는 것은 특정 상황이 요구하는 정체성을 만들어 내는 활동을 지적하는 것이다. 척한다는 의미는 인상관리의 관점에서 보면 사회적응 노력의 일면으로 볼 수 있다. 대인관계에서 슬퍼하고, 기뻐하고, 웃고, 화내는 모든 것들이 순수한 감정표현일 수도 있으나, 사회적 관계형성을 위해서 때로 전략적으로 사용되기도 한다.

사람들이 반드시 인상관리 차원에서 정서관리를 해야 한다는 것은 아니다. 중요한 점은 주어진 상황에 따라 가장 효과적인 관계형성과

적응을 위해 필요한 정서적 이미지가 있을 때, 그 이미지를 활용하기 위해 정서관리가 필요하다는 의미다.

## 이미지 관리도 리더십이다

일반적으로 사람들은 타인에게 비친 자신의 모습을 관리하려고 한다. 사회학자인 어빙 고프먼(Erving Goffman)은 사람들의 생활은 마치 연극 무대에서 배우가 연기를 하듯이, 사회라는 큰 틀 안에서 연기를 하는 것으로 보았다. 사람들은 몸짓, 표정, 자세, 행동 등을 통해 자신의 이미지를 관리하려고 노력한다. 그는 이러한 사람들의 노력을 '페이스워크(facework : 이미지관리)'라고 명명하였다. 관리자의 경우, 상황에 맞는 이미지를 만드는 것도 리더십을 구성하는 중요한 요소이다.

- 전문직을 상징하는 옷차림은 자존심이 높은 사람이라는 인상을 준다.
- 상대에게 우호적인 말을 하거나 보상을 하면, 호감을 사려는 것으로 보인다.
- 인적, 물적, 재무적인 자원을 통제하고 싶으면, 권위를 자신의 이미지로 드러내라.
- 직위나 직급을 강조하면, 타인에게 자신의 사회적 지위를 전달하는 것이다.
- 비스듬히 앉는 자세는 상대를 무시하거나 권위적이라는 인상을 준다.
- 지나친 사과나 변명은 타인에게 방어적인 성격의 소유자라는 인상을 준다.
- 상대방을 지나치게 응시하면 위압적인 인상을 준다.
- 시선을 자주 옮기면 상대방에게 관심이 없다는 인상을 준다.
- 절도 있게 악수와 인사를 하는 것은 전문가라는 인상을 준다.

## 스트레스를 적극적으로 관리하라

스트레스 관리는 사회적응에 필수요소다. 조직 차원에서도 효과적인 스트레스 관리는 높은 성과와 연결되므로 매우 중요하다. 한스 셀리에(Hans Selye)는, 스트레스란 우리 몸에 영향을 주는 요소에 대한 불특정한 반응(nonspecific response)으로 정의하였다. 스트레스에 대한 최근의 견해는 스트레스를 유발하는 외적 요인과 이에 대한 반응과 함께 신체적, 심리적 긴장을 포함한다. 관리자가 효과적으로 스트레스를 관리하려면 스트레스에 대처하는 기술을 익혀야 한다. 스트레스 대처법은 다음과 같다.

- 스트레스 요인을 논리적으로 분석하고 평가하여 의식적으로 대처한다. 스트레스에 적극적으로 대처하여 자신과 스트레스 상황을 분리하도록 노력한다.
- 스트레스를 유발하는 문제점들을 해결하고 없앤다.
- 정서적인 방어전략을 구사한다. 예를 들어 스트레스 요인에 주의를 기울이지 않는다거나 스트레스를 경험하는 사건, 상황, 여건을 처음부터 피하고 그러한 상황에 개입하지 않도록 한다.

현실적으로 뒤의 두 가지 방법은 쉽지 않을 수 있다. 만약 상사와 갈등이 생겨 그와 함께 일하는 것 자체가 스트레스라고 가정해 보자. 두 번째 방법은 부서를 옮기는 것이다. 세 번째 방법은 상사와 마음의 벽을 쌓거나 가능한 한 상사를 피하는 것이다. 그런데 이는 모두 쉽지 않은 방법들이다. 결국 현실적인 방법은 첫 번째 방법처럼 자신과 스트레스 상황과 맺는 관계를 바꾸려고 적극적으로 노력하는 것이다.


## 직장인의 스트레스 원인

직장인에게 가장 큰 스트레스 요인은 직장의 안정성이다. 2005년 2월 HR코리아의 조사 결과를 보면, 과장과 부장급의 조사대상 중 절반 이상이 10년 내에 직장을 그만둘 것으로 생각하고 있다. 불안감의 원인으로, 과장급은 '현재의 조직을 떠난 이후의 진로 불투명(33.2%)', '자사의 기업위기(22.4%)', '전문성 부족(21.5%)'을 들었다. 부장급은 '불안정한 사회 및 경제적인 환경(35.1%)', '현재의 조직을 떠난 이후의 진로 불투명(31.1%)', '자사의 기업위기(25.6%)'를 꼽았다.

　이러한 사회환경적 요인뿐만 아니라 개인의 성격요인도 스트레스와 관련이 깊은 것으로 밝혀지고 있다. 마이어 프리드먼(Meyer Friedman)과 로이 로슨만(Roy Rosenmann)은 성격유형을 A형과 B형으로 구분하였다. A형은 경쟁적, 공격적이며 인내심이 부족하고 성급한 성격이다. 반면 B형은 느긋한 성격의 소유자다. 성격적으로 봤을 때 A형이 B형보다 스트레스를 더 많이 받고 심장병 발병률도 더 높다.

　폴 코스타(Paul Costa)와 로버트 맥그레(Robert McCrae)가 개발한 Big5 인성검사에서 심리적 민감성(negative emotionality)이 낮은 사람은 스트레스 상황에서 침착하고 합리적으로 대처하며, 일이 잘 풀릴지 않을지도 모른다는 걱정을 덜며, 충동적인 행동을 덜한다. 반면 심리적 민감성이 높은 사람은 어떤 상황에서나 민감하게 대응하고 신경을 많이 쓰며, 흥분을 잘하는 특징을 보인다.


## 정서관리역량을 개발하기 위해 이렇게 해보자

인성검사나 정서관리 유형진단 검사를 받아 본다. 자신의 정서관리에 있어서 정서관리 유형이나 인성이 어떤 관련을 맺고 있는지 알아본다. 자신의 인성이 긍정적으로 작용하는 부분과 부정적으로 작용하는 부분이 무엇인지 파악한다. 평소 자신의 감정변화를 주기적으로 기록해 보고, 진단을 통해 나타난 자신의 약점과 실제 생활을 비교해 본다. 자신의 인성으로 인해 감정조절에 실패한다면, 그 원인을 해결할 수 있는 방안을 찾아본다. 가능하면 전문가나 코치의 도움을 받는다.

직원들과의 스킨십을 위해 '3-3-3법칙'을 적용해 보자. 한 달에 3명의 직원을 대상으로 3분씩 3가지의 주제가 다른 이야기를 나눈다. 이때 상대방을 격려하고자 한다면 직원의 어깨를 두드려 주자. 직원과 신체적 접촉을 통제하는 조직이라면 칭찬해 주는 말을 한다. 직원에게 다가가는 것이 부담스럽다면 먼저 무슨 말을 해야 할지 생각해 보고 한다. 긍정적인 마음으로 직원을 대하면 다음과 같은 효과가 나타난다.

• 반복적으로 칭찬하는 과정에서 자신도 모르게 타인에 대한 관심이 많아진다.
• 칭찬은 상대방과의 관계에서 마음의 벽을 허물어 준다.

- 칭찬하는 과정에서 눈을 맞추는 횟수가 늘어나면 그만큼 친근감이 생긴다.
- 적극적인 대화를 나눌 때, 부정적인 감정보다 긍정적인 감정을 체험할 수 있다.
- 대화를 주도하는 것은 상대방에 대한 관심을 보이는 것으로 좋은 인상을 준다.

스트레스를 느낄 때 어떤 반응을 보이는지 관찰하고 기록한다. 스트레스의 근본 문제는 스트레스 요인이라기보다는 스트레스 요인에 대한 태도, 신념 등이 문제다. 스트레스에 대한 반응 정보들을 분석하여 스트레스에 따른 반응에 어떤 공통점이 있는지 찾아본다. 예를 들면 감정이 복받쳐 오르고 쉽게 흥분하며 화를 잘 낸다면 이에 효과적으로 대응하는 해답을 찾아본다.

- 무엇 때문에 화가 났는가? 화를 내는 원인은 분명한가?
- 어떤 방식으로 화를 냈는가? 이 방식이 적절한 것이었나? 감정을 조절할 수 있는 방법은 없었나? 더 합리적인 다른 방법은 없었나?
- 어떤 결과를 초래하였나? 타인에게 피해를 주었나?

직장에서 받는 스트레스의 요인이 무엇인지 파악해 본다. 스트레스를 일으키는 외적 요인과 내적 요인을 정리해 본다. 각 요인을 해소할 수 있는 방안이 무엇인지 찾아본다. 해결방안을 찾을 때는 자신의 코치, 멘토, 동료, 친구 등의 도움을 받아 본다. 타인은 스트레스 문제를 자신보다 더 객관적인 관점에서 보며 좋은 아이디어를 줄 수 있다. 흔히 스트레스를 주는 외적 요인과 내적 요인은 다음과 같다.

- 외적 요인 : 당신이 통제할 수 없는 상황이나 적응하기 어려운 인물, 과중한 업무, 직무경험이 부족한 신규업무의 수행, 직업의 안정성 부족, 근무 장소나 여건의 변화, 취약한 근무환경.
- 내적 요인 : 수행하고자 하는 직무에 대한 지나친 기대, 자신의 장단점에 대한 이해 부족, 자기 능력에 대한 과신, 높은 심리적 민감성, 충동적이고 도발적인 성향.

당신이 직장에서 보이는 행동을 관찰해 본다. 다음의 행동 특성들은 직장에서 스트레스를 경험할 때 보일 수 있는 것들이다. 해당 사항이 많을수록 당신의 스트레스는 심각한 상황이며, 신속한 조치가 필요하다.

- 동료에 대한 불평불만이 잦다.
- 업무와 무관한 사적인 전화를 자주하거나 인터넷을 자주한다.
- 지각이나 결근이 잦다.
- 부서의 모임에 불참하고 혼자 시간 보내는 것을 선호한다.
- 하찮은 것에 대해 과민반응을 보인다.
- 일의 능률이 점점 떨어진다.
- 일에 집중하기 어렵고 실수가 잦다.
- 시간관리를 체계적으로 하지 못한다.

# 10장

## 대인감수성

> "어떤 사람들은 자신의 내적인 자아를 진정한 자기 모습이라고 보는 반면,
> 어떤 사람들은 사회 속에 비친 자기 모습이
> 자아의 가장 중요한 면을 나타내는 것이라고 생각한다."
>
> — 조너선 M. 처크Jonathan M. Cheek, 성격심리학자

다른 사람의 생각이나 감정을 읽어내는 능력이 부족하면, 대화를 하면서 상대방의 개성이나 입장을 고려하지 않는다. 이것으로 타인과 갈등을 겪게 되어도 그 원인이 자신이 아닌 타인에게 있다고 생각하기 쉽다. 또 상대방의 말을 경청하기보다는 선택적으로 듣게 하고, 자신의 관점에서 재해석하여 듣는 경향이 강하다. 이러한 인지적 왜곡을 자각하지 못하면, 주위 사람의 피드백을 진지하게 받아들이지 못한다.

한편 상대방의 입장을 지나치게 고려하거나 민감하게 받아들이면, 관계를 원만하게 지속적으로 유지하기가 어렵다. 타인의 의견과 평가에 민감하므로 해결해야 할 사항에 대해 많이 생각하게 되고, 합리적인

의사결정을 신속히 내리지 못한다. 결과적으로는 업무수행이 지연된다. 타인에 대한 지나친 배려는 자신의 의도와는 달리 전략적인 사람으로 보일 수도 있고, 솔직하지 못하다는 평을 들을 수도 있다. 때로는 상대방을 통제하려는 것처럼 보이기도 한다.

## 대인감수성의 리더십

오늘날 대인감수성이 중요한 리더십 요소가 되고 있다. 대인감수성은 관리자가 다른 사람의 처지를 어느 정도 배려하느냐를 나타낸다. 타인을 배려하는 것은 말로는 쉽지만 실제 직무상황에서는 그리 쉬운 일이 아니다. 임원을 대상으로 리더십을 360도 진단해 보면, 전반적으로 대인감수성이 낮게 나타난다. 성과 창출 능력은 우수하지만 결과 위주로만 직원을 판단하기 때문에, 직원의 특성을 고려하고 배려하는 마인드와 기술을 학습할 기회가 충분하지 못했던 것이다.

상사가 대인감수성이 부족하면 요즘 세대의 인재들은 조직을 떠나게 된다. 지금은 전처럼 상사의 거친 행동을 참고 지내던 시대가 아니다. 신세대 직장인을 대상으로 한 설문조사 결과를 보면, 흔히 상사와 호흡이 맞지 않아 직장을 떠나는 것이 가장 높은 이직 이유로 나타난다. 대인감수성 역량을 개발하는 것은 이제 성과 지향의 관리자에게 자기변화의 대표적인 주제가 되었다.

## 성공적인 대인관계를 위한 4가지 핵심요소

일터에서 원만한 대인관계를 형성하고 유지하기 위해 관리자가 갖추어야 할 핵심요소는 무엇일까? 대인관계에서 효과적으로 리더십을 발휘하는 것에 대한 연구들은 여러 중요 요소들을 다루고 있다. 정사각형을 그려 보라. 그리고 사각형의 각 변을 지나는 동심원을 안쪽으로 그려 보라. 사각형의 꼭지점에 성공적인 대인관계를 유지하는 데 가장 중요한 요소를 적는다면, 당신은 무엇을 적겠는가? 이들 요소는 서로 균형을 유지해야 한다. 그렇지 않으면 원만한 관계를 상징하는 중심원이 찌그러진 모습을 보일 것이다.

개인마다 생각하는 바가 다를 수 있다. 심리학자들의 대인관계 연구를 분석한 결과, 필자는 다음의 4가지 요소를 선정하였다. (1) 신뢰, (2) 존경, (3) 정직, (4) 공평. 당신은 어떤 것을 선택하였는가? 이 기회에 당신의 대인관계 철학을 만들어 보라. 4가지 요소를 선정하고, 평소 지켜야 할 중요한 가치로 마음에 새기자.

## 대인감수성에 영향을 미치는 요인

타인에 대한 감수성이 있다는 것은 관심의 방향이 자기를 향해 있기보다는 타인을 향해 있음을 의미한다. 〈표 8〉에서 보듯이 다양한 요인들이 대인감수성을 촉진하거나 저해한다. 자기이해가 높은 사람은 자신의 기분이나 감정이 자기 행동에 미치는 영향을 잘 알고 있을 뿐만 아니라, 타인에 대해서도 사려 깊다. 감정이입 능력을 가진 사람은 타인의 표정이나 자세의 변화 등에 항상 주의를 기울이고, 작은 변화도 쉽게 포착해 낸다. 타인이 말로써 전달하지 않은 메시지도 비언어적인 정보를 통해 파악하는 능력을 갖고 있다.

대인감수성은 성격과도 무관하지 않다. 외향적인 사람은 내향적인 사람보다 관심 방향이 외부에 있다. 내향적인 성격을 지닌 사람보다 타인에게 더 주의를 기울일 가능성이 높고, 타인의 처지나 기분, 감정을 더 잘 고려한다. 또 이타적인 사람은 자기중심적인 사람보다는 타

| 저해요인 | 촉진요인 |
|---|---|
| 낮은 자기이해 | 높은 자기이해 |
| 자기중심성 | 감정이입 |
| 내향적 성격 | 외향적 성격 |
| 이기주의 | 이타주의 |
| 충동적 성격 | 사려 깊음 |
| 카리스마, 독단적인 성격 | 인본주의적 사고 |

〈표 8〉 대인감수성에 영향을 미치는 요인

인의 정서나 감정 변화에 더 주의를 기울인다. 독립심이 강하거나 자기보호 경향이 강한 나르시시스트나 독단적 성격의 소유자도 타인의 처지에 주의를 기울일 가능성이 낮고 감정이입을 잘 하지 않는다. 반면 이타적 경향이 높고 인본주의적 사고를 지닌 사람일수록 대인관계에서 타인의 처지를 배려하는 경향이 높다.

## 대인감수성을 향상시키는 방법

대인감수성은 타인의 행동이나 내면을 내 관점에서가 아니라 상대방의 관점에서 이해하려는 성향을 말한다. 상대방의 처지를 고려하기 위해 가장 먼저 자기중심적 사고에서 벗어나야 한다. 아울러 자기 자신에 대한 명확한 이해가 선행돼야 한다. 관리자가 자신의 심리적 성향을 올바로 이해하지 못하고 있다면 타인의 처지를 고려하기란 쉽지 않다. 대인감수성 역량을 개발하기 위해 다음과 같은 노력이 필요하다.

### 자기중심적 사고에서 탈피하라

우리는 다른 사람들과 사회적 관계를 형성하고 유지하면서 합리적으로 사고하고 판단하는 것 같지만, 여러 측면에서 자기중심성을 벗어나지 못하고 있다. 이러한 자기중심적 사고는 자아가 형성되는 발달 과정에서 필연적으로 나타나는 현상이다. 하지만 타인의 감정을 헤아리기 위해서는 자기중심적 사고에서 벗어나야 한다.

## 행동의 원인을 외부에서 찾아라

행동의 원인을 어디에서 찾느냐는 대인관계에서 매우 중요한 의미를 갖고 있다. 흔히 사람들은 상대방의 행동을 설명할 때, 외부요인을 찾기보다는 그 사람의 내부에서 원인을 찾으려는 경향이 있다. 즉 상대방의 성격, 태도, 가치관, 신념 등을 먼저 생각한다. 이러한 인지적 경향은 관리자가 대인감수성을 발휘하는 데 걸림돌로 작용한다. 대인감수성을 높이려면 행동의 원인을 외부에서 찾는 자세가 필요하다. 그렇게 할 때 상대방을 이해할 수 있는 여유가 생긴다. 오늘 직원이 늦게 출근했다고 가정해 보자. 자, 이제 당신은 관리자로서 어떻게 생각하겠는가? 직원이 오늘까지 마무리 짓기로 한 보고서를 아직 마치지 못하였다. 당신은 관리자로서 뭐라고 말할 것인가?

## 자기본위적 태도에서 벗어나라

사람들은 자기가 한 행동의 결과가 부정적일 때 그 결과를 자신의 탓이 아닌 환경의 탓으로 돌리고, 성공한 일은 자신의 능력이나 노력 때문이라고 생각한다고 한다. 이러한 성향을 심리학에서는 '자기본위적 귀인(self-serving attribution)'이라고 한다.

이러한 자기본위적 태도는 대인관계를 악화시키고 심하면 관계의 단절을 가져오기도 한다. 직장에서 자기본위적 태도는 상하 간의 신뢰를 무너뜨리고 팀워크를 해치게 된다. 관리자가 자기본위적인 경우 직원을 배려하기 어렵다. 결과적으로 신뢰와 팀워크, 인재를 모두 잃기 때문에 성과를 창출하기도 어렵다.

## 다른 정보에도 귀를 기울여라

사람들은 상대방에 대해서 미리 어떤 인물일 것이라는 가설을 설정하고, 그것에 반하는 정보는 의도적으로 회피하려는 경향이 있다. 스나이더와 스완은 이를 '자기확증적 전략(self-confirming strategy)'이라고 하였다. 이러한 전략은 앞서 말한 자기중심성이나 자기본위적 귀인과 마찬가지로 자기를 중심으로 한 인지 과정이 타인에 대한 인상을 형성하거나 관계를 형성하는 데 중요한 영향을 미치고 있음을 보여 준다.

관리자는 자신의 관점에서만 타인을 바라보아서는 안 된다. 자신의 입장을 지지하는 의견에만 귀 기울이고, 자신의 생각과 다르거나 반박하는 주장을 무시해서는 안 된다. 상대방을 배려하려면 근본적으로 자신의 생각에만 얽매이지 말고, 자신의 생각이 잘못될 수 있다는 점과 이를 확인해 보려는 노력이 필요하다.

## 대인감수성을 개발하기 위해 이렇게 해보자

사람들과 만날 때 마음속으로 다음과 같은 질문을 해본다. 만나고 나서 각 질문에 대한 당신의 답이 맞는지 확인해 본다. 대인감수성을 개발하려면 상대방의 감정과 처지를 배려하고, 편안하게 대해 주는 기술을 습득해야 한다.

- 지금 저 사람은 어떤 기분일까?
- 이 만남을 통해 내가 얻고자 하는 바는 무엇인가?

- 내가 이런 말을 했을 때 상대방의 기분은 어떨까?
- 나의 제안에 대해서 상대방은 거절할까, 수용할까?
- 상대방은 어느 정도까지 양보하려고 할까?

타인의 생각이나 관점을 먼저 고려하는 습관을 기르도록 한다. 상대방의 성향을 파악하고 상대방이 업무협조 요청을 하거나 불만을 토로할 때, 곧바로 감정적으로 대응하지 말고 상대방이 처한 현실이 어떠한지 먼저 생각해 보는 노력을 한다. "아니 이 사람 왜 이래?"라고 적대적으로 생각하며 말하기보다 "그래, 당신이 지금 가장 힘들어 하는 게 뭐지? 내가 도와줄 것이 무엇인가?"라고 상대방을 배려하며 생각하고 말해 보자.

대화 시 처음 3분은 상대방의 말을 듣고 이해하는 데 집중한다. 상대방이 드러내는 표현을 통해 상대방의 기분과 감정을 읽어 낸다. 처음에 상대방에 대해서 여러분이 이해했던 것이 나머지 관계의 전반에 걸쳐 영향을 줄 수 있다. 마치 "첫인상이 중요해. 처음에 잘 보여야지."라고 생각하는 것처럼 내가 상대방에 대해 어떤 인상을 지녔느냐에 따라 나의 대응도 달라진다.

상대방과 편안하게 대화할 수 있는 3가지의 주제를 준비한다. 예를 들면 직원의 취미, 직원의 생일, 자녀의 수와 이름, 이전 만남에서 나누었던 중요한 대화, 최근의 사회적 이슈 등을 처음 대화의 소재로 삼는다. 이러한 주제는 주로 상대방과 밀접한 관련이 있는 것이기에 상대방은 편안히 느껴 자연스럽게 서로의 마음을 열게 된다. 이러한 분위기는 상대방을 더 이해할 수 있는 여건을 조성해 준다.

좋아하는 사람과 싫어하는 사람을 구분하지 않는다. 내 사람, 나와 호흡이 맞는 사람, 나를 지지해 주는 사람 등과 같이 인간관계에 대한 울타리를 만들면, 그만큼 상대방에 대한 편견이 생긴다. 이런 편견은 업무평가, 직원에 대한 평가, 직무배치 등을 포함하는 많은 조직행동에 영향을 미친다. 한국인의 정서는 학연, 지연, 각종 이해관계에 따라 많은 영향을 받는다. 특히 '우리성(we-ness)'과 같은 개념을 보편적 가치로 받아들이는 집단주의 사회(collectivistic society)에서 살고 있기에 지나치게 이 개념에 구속되면, 또 다른 편견을 갖게 될 가능성이 높다.

# 11장

## 의사소통

"자연은 인간에게 한 개의 혀와 두 개의 귀를 주었다.
그래서 한 번 말하면서 상대방의 말을 두 번 들을 수 있다."

– 에픽테토스Epictetus, 스토아학파 철학자

관리자와 직원들 간의 대화에서 중요한 점은 상호이해다. 상호이해를 넓히려면 대화 내용을 공유해야 한다. 그래야 서로를 이해하고 신뢰를 쌓을 수 있다. 그리고 대화에서 상대방의 말에 귀를 기울이고, 적절한 피드백을 주기 위해서는 기술이 필요하다.

대화 기술이 부족한 사람은 상대방의 말에 주의를 기울이지 않는다. 이들은 종종 성급한 결론을 내리거나 상대방의 말을 자주 끊는다. 이런 모습은 타인에게 적대적이고 차가운 성격의 소유자로 비칠 수 있다. 그러나 상대방의 말을 지나치게 주의 깊게 듣다 보면, 적절한 대응 시기를 놓칠 수도 있다. 상대방이 자신의 말에 동의하는지를 확인하기 어렵고, 심하면 겉치레로 대한다고 느낄 수 있다.

# 의사소통 능력이 부족한 사람의 특징

스티븐 코비(Stephen Covey)는 일상생활에서 가장 중요한 기술을 의사소통이라고 보았다. 의사소통의 효과성에 대한 연구 결과를 보면 조직에서 임직원들의 의사소통 능력은 생산성과 깊은 관련이 있다. 관리자와 직원 간의 비효율적인 의사소통은 협동을 이끌어 내거나 조정을 유도하기에 어렵고, 생산성을 저하하거나 긴장감을 고조시키고 소문과 험담이 느는 원인이 된다. 개인 차원으로는 자신의 신뢰성을 떨어뜨리고 영향력을 잃게 만든다.

관리자의 리더십을 360도 진단한 결과를 보면, 의사소통 능력이 부족한 관리자는 대인관계역량 가운데 정서관리와 대인감수성 역량이 모두 낮은 것으로 나타난다. 이 결과가 시사하는 바는 임직원 간에 의사소통이 효과적으로 이루어지려면, 자신의 감정관리를 잘해야 하고 더불어 상대방도 배려할 줄 알아야 한다는 것이다. 자신의 감정관리와 상대방에 대한 배려가 잘 이루어질 때 개방적인 의사소통이 가능하다.

의사소통 능력이 낮은 관리자의 10가지 대표적 특징은 다음과 같다.

1. 조직 내에서 특정 계층의 사람들하고만 대화를 한다.
2. 상대방을 격려하기보다는 질책하고, 자존심을 떨어트리는 피드백을 준다.
3. 자신의 생각을 분명하고 설득력 있게 표현하지 못한다.
4. "바쁘니까, 요점만 이야기합시다."라는 식으로 대화를 시작할 때가 많다.

5. 상대방의 능력을 과소평가하고, 자신의 직무전문성에 대한 자신감이 강하다.

6. 해야 할 말과 하지 말아야 할 말을 지나치게 구분하고 스스로 통제한다.

7. 의사표현 방식이 단조롭고 대화 내용이 건조하다.

8. 대화 내용보다는 감정을 먼저 앞세운다.

9. 상대방이 무슨 말을 할지 미리 짐작하면서 대화를 한다.

10. 자신이 싫어하는 대화 유형이 분명히 있다.


## 효과적인 의사소통 방법

의사소통의 목적은 쌍방이 서로 전달하고자 하는 바를 명확히 이해하는 것이다. 이를 위해서는 상대방의 이야기를 정확히 듣고, 부정확한 부분은 질문을 통해 명확히 파악해야 한다. 또한 상대방이 대화에 참여하도록 유도하는 노력이 필요하다. 적어도 상대방의 이야기를 들을 때는 감정이입을 하여 경청하며 질문하라. 이 두 가지는 몸에 배도록 노력하길 권한다.

### 감정이입을 하여 경청하라

적극적인 의사소통의 시작은 바로 잘 듣는 것이다. 대화 과정에서 타인의 생각을 정확히 파악하려면 경청 기술이 중요하다. 경청은 나 자신의 기준에서 듣는다기보다는 상대방의 관점에 서서 대화를 이해하려는 적극적인 의사소통 방법이다.

원만한 대인관계 형성과 유지를 위해서는 감정이입을 통한 경청(empathic listening)이 필요하다. 이것은 듣는 사람의 노력과 에너지가 집중적으로 투입되기 마련이다. 상대방의 감정을 고려하여 상대방이 당면한 문제를 해결해 줄 수 있을 때, 감정이입적 경청이 이루어졌다고 본다. 감정이입을 하여 경청하기 위해서 듣는 사람이 취해야 할 기본적인 자세와 기술은 다음과 같다.

- 대화를 할 때 상대방의 관점을 존중한다. 상대방이 생각하고 느끼는 것에 관심을 갖고, 적극적으로 들으려고 노력하겠다는 마음의 자세를 갖는다.
- 상대방의 말뿐만 아니라 말에 담긴 감정을 이해하고 공감한다. 그러나 상대방의 마음을 지나치게 읽으려고 하면 경청하기 어렵다.
- 상대방이 한 말을 완전히 이해하고 있다는 확신이 들 때, 상대방에게 응대한다. 상대방의 말을 올바르게 이해하지 못한 상태에서 응대를 하면, 의견의 차이가 생길 수 있다.
- 상대방의 말을 잘 이해하고 있는지를 확인하기 위해 부연해 본다. "저는 ～라고 말씀하신 것으로 이해합니다.", "그러니까 ～라고 생각하시는 것이군요."와 같이 상대방의 말을 어떻게 이해했는지 설명해 보는 것이다. 그러나 상대방의 말을 단순히 반복하는 것은 의미가 없다.
- 부연을 할 때는 상대방 말에 담긴 행간의 의미를 어떻게 받아들였는지 명확히 말한다. 대화 중에 적절한 부연을 사용하면 상대방은

전하고자 하는 말뜻과 감정을 직설적으로 표현할 가능성이 높다.

## 올바른 질문을 사용하라

질문은 대화를 역동적으로 만드는 가장 적극적인 방법이다. 대화를 시작하는 도입 부분에서 질문을 할 때는, 상대방이 당황할 수 있는 질문은 피하는 게 좋다. 대화 진행 중에 하는 질문은 대화 내용을 양적, 질적으로 풍부하게 해주는 촉매역할을 한다. 특히 대화 중에 하는 질문은 상대방의 말에 주의를 기울이고 있음을 보여 주므로 상대방의 관심과 열의를 이끌어 낼 수 있다. 그러나 지나치게 탐색적인 질문을 하거나 말뜻을 확인하기 위해 반복해서 질문하면 상대방이 불쾌할 수도 있다. 따라서 우호적이고 대화 참여를 이끄는 방향의 질문이 좋다. 질문유형은 상대방에게 어떤 응답을 이끌어 내는지에 따라 개방형 질문, 폐쇄형 질문, 촉진형 질문, 탐구형 질문 등이 있다.

- 개방형 질문 : 상대방에게 질문에 대한 해석과 설명을 요구하는 뜻을 담고 있다. 개방형 질문은 상대방의 생각이나 느낌, 의도, 계획등을 추가로 파악하고자 할 때 유용하다. 개방형 질문의 예는 다음과 같다.
  - 이번 프로젝트가 끝나고 추가로 계획하는 것은 무엇입니까?
  - 새로운 직무를 수행하면서 가장 힘든 점은 무엇입니까?
  - 우리 부서에서 개선할 사항이 있다면 무엇이라고 보십니까?

- 폐쇄형 질문 : 개방형 질문과는 반대로 '예', '아니오'와 같은 답

을 이끌어 내는 질문이다. 이는 상대방에게 사실을 확인하기 위한 목적으로 흔히 사용한다.

- 지난번에 지시한 일은 마쳤습니까?
- 고객사에서 우리의 최종 제안을 수용하였습니까?
- 이번 달 영업목표는 달성하였습니까?

• 촉진형 질문 : 상대방이 생각이나 느낌, 의도, 계획 등을 분명하게 표현하도록 질문하는 것이다. 이러한 질문은 상대방이 스스로에게 더 몰입하고 행동을 드러내게끔 하는 효과가 있다.

- 당신도 금주 매출이 최고가 되도록 영업을 해야 한다고 생각하지요, 그렇지요?
- 당신도 내 생각이 실현 가능하다는 데 동의하지요, 그렇지요?
- 시급히 해결할 문제는 고객의 관심을 끄는 것이라고 주장하시는 것이죠, 그렇지요?

• 탐구형 질문 : 상대방의 말을 더 구체화하거나 정교화하여 그 의미를 정확히 파악하고자 하는 것이다. 이러한 질문은 모호한 상황을 명료하게 하여 상대방에게 합리적인 대응을 할 수 있는 정보를 얻고자 할 때 유용하다.

- 지금 하신 말씀이 뜻하는 바가 무엇이죠?
- 만일 이 문제가 해결된다면, 다음에 추진하려고 계획하는 것은 무엇입니까?
- 다음주 수요일까지 계약이 성사되기를 제안하는 것이죠?

## 팀워크 형성을 위한 의사소통 기술

팀워크 형성을 위해서는 팀원 간의 상호신뢰와 존경, 지원이 필요하다. 이를 위해서는 팀원 간의 자유로운 의사소통이 무엇보다 중요하다. 데이비드 베이커(David Baker)는 팀워크 연구에서 효과적인 팀워크 형성을 위한 핵심 요소는 집단적 의사결정방식을 채택하는 것, 직원의 적응성과 유연성을 높이는 것, 원만한 대인관계를 유지하는 것이라고 주장하였다. 그리고 이 3가지 핵심 요소가 효과적으로 기능할 수 있도록 지원하고 연결해 주는 게 의사소통 기술이라고 보았다. 이 연구에서 가장 효과적으로 의사소통을 하는 팀원의 행동을 분석해 본 결과, 다음과 같은 행동을 보이는 것으로 나타났다.

- 팀원에게 명확하고 정확한 정보를 제공한다.
- 효과적으로 경청한다.
- 질문을 자주한다.
- 타인의 정보요청을 인정하고 수용한다.
- 팀원과 아이디어를 공개적으로 공유한다.
- 자신과 팀원의 비언어적 행동에도 주의를 기울인다.

## 의사소통역량을 개발하기 위해 이렇게 해보자

이야기하기 좋은 사람과 그렇지 않은 사람을 구분하지 않아야 한다. 싫어하는 사람과 대화를 할 때는 대화의 목적이나 의도가 별로 없는 경우 문제가 생길 수 있다. 이는 대개 겉치레로 대화하기 때문이다. 상대방을 차별하고 있는 것은 아닌가? 만일 차별하고 있다면, 그러한 태도를 고치지 않으면 열린 마음으로 대화하기 어렵다. 태도를 고치기 위해 먼저 특정 인물과 대화하기 싫어진 근본 원인을 찾아보라.

- 먼저 평소 대화하기 싫은 사람을 떠올린다.
- 상대방과 대화하기 싫은 이유를 한 가지 떠올려 본다.
- 마음속에 떠오른 그 이유보다 더 부정적인 이유를 생각해 본다.
- 이와 같은 방법으로 계속해서 상대방과 대화하기 싫은 이유를 찾아본다.
- 마지막에 생각나는 것이 가장 근본적인 원인일 수 있다. 이 생각은 바꿀 수 없는 것인가?
- 만일 바꿀 수 없는 생각이 나 자신의 문제라면, 그 문제를 해결하지 않는 한 더 많은 사람과 대화하기는 어려울 수 있다.

상대방이 말한 내용을 요약해서 말해 본다. 이러한 행동은 번거롭긴 하지만 상대방에게 신뢰를 주고 편안한 느낌을 준다. 상대방이 더 진지하게 대화에 임하게 만드는 효과가 있고, 나 자신도 상대방의 말에 더 주의를 기울이게 된다. 상대방에게 다음과 같이 말해 본다.

- 상대방의 이야기를 다 듣고 나서 자신이 올바르게 들었는지를 확인해 본다. "아, 그렇군요. 그러니까 ~라고 말씀하신 것으로 이

해합니다. 맞습니까?"

- 상대방이 어떤 논리에서 한 말인지를 확인한다. "정말 재미있는 생각입니다. 그렇게 생각하시는 특별한 이유라도 있습니까?"
- 상대방의 이야기를 좀 더 구체적으로 이해한다. "좀 전에 하신 말씀 중에 ~라고 하셨는데, 무슨 말씀인지 좀 더 설명해 주시겠습니까?"

알고 있는 내용이라도 성급하게 상대방의 말을 중단시키지 않는다. "아, 그 이야기 나도 들었지.", "그것에 대해서는 더 이상 말을 안 해도 됩니다. 이미 다들 알고 있습니다."와 같이 말하면서 끼어들지 않는다. 상대방의 말이 끝날 때까지 들어 주고 기다리는 게 훌륭한 대화 방법의 하나다. 그러나 지나치게 말이 많다면 상대방이 불쾌감을 느끼지 않을 정도로 요약해서 말할 수 있도록 힌트를 준다.

"내가 듣고 싶은 것만 듣는" 습관은 반드시 고친다. 이러한 습관은 대개 대화하기 싫은 사람과 말할 때나 이미 알고 있는 내용을 들을 때 튀어나온다. 상대방과 상대방의 말을 구분해 보자. 상대방의 역할 때문에 그렇게 말하는 것은 아닌지 확인해 본다. 부모가 자식을 야단치는 것은 자식이 미워서가 아니라 부모의 역할 때문이다. 직장 상사도 상사로서 역할을 수행하는 과정에서 직원이 듣기 싫은 말을 할 수 있다. 관리자로서 다음의 지식과 기술을 갖춘다.

- 의사소통이 일어나는 맥락과 문화를 이해한다.

- 고정관념, 태도, 역할 등을 이해함으로써 정보 왜곡을 줄인다.
- 상대방이 전달하는 정보를 원래 의도대로 이해하려고 한다.
- 상대방이 하는 말에 집중하고, 쓸 만한 단서를 활용하는 등 경청하는 기술을 익힌다.
- 상대방이 하는 말에 공감하기 위해 피드백을 주고 질문을 하는 기술을 키운다.
- 타인에게 전달하려는 정보(또는 메시지)를 명확히 한다.

다른 사람들의 대화를 관찰자의 관점에 서서 들어 본다. 대화 내용을 주의 깊게 경청하면서 쌍방이 잘못 이해하고 있는 것은 무엇인지, 왜 그러한 오해가 생겼는지 찾아본다. 여기에 대한 생각을 대화 당사자들에게 말해 본다. 당신의 생각이 대화 당사자의 갈등이나 오해를 해결하는 데 도움이 되었는지 확인한다.

[관찰 포인트]
- 상대방의 말에 관심을 기울이는가?(눈 맞춤, 고개 끄덕이기 등)
- 상대방의 대화를 자주 끊지는 않는가?
- 상대방의 말을 자기중심적으로 해석하지는 않는가?
- 목적과 상황에 맞는 대화를 하는가?
- 지나치게 말을 많이 하지 않나?
- 감정이입을 하여 경청하는가?
- 당신이 생각하는 더 효과적인 의사전달 방법이 있는가?

## 효과적인 업무지시 방법

관리자가 직원에게 보고서를 작성하도록 지시하고 그 결과를 확인하는 상황을 상상해 보자. 관리자들은 담당직원에게 업무지시를 내려놓고, 마감이 되었을 때 그 직원이 작성한 보고서를 보고 화를 내거나 실망하곤 한다.

보고서가 잘못 작성된 근본원인이 어디에 있을까? 대체로 관리자의 업무지시 방법이 잘못된 경우가 많다. 업무지시를 할 때는 그 업무를 책임질 직원과 실무 직원을 모두 참석하게 하는 것이 좋다. 두 직원은 역할이 다르므로 각자의 역할 관점에서 지시를 듣는다. 지시를 하고 난 후에는 직원들이 지시 사항을 어떻게 이해했는지 반드시 확인해 보라. "김 과장, 이 과제를 어떻게 해결하는 게 좋다고 생각합니까?" 김 과장의 답변을 통해 지시가 정확히 전달되었는지 확인해 보자. 최종보고를 받을 때, 당신은 보고서 내용과 두 사람의 역할이 제대로 이루어졌는지 확인하면 된다.

역할이 다른 두 직원을 참여시키는 것은 보고서를 작성하면서 역할에 따른 갈등이나 시각차이에서 예상되는 갈등을 사전에 조율하고 제거하는 데 효과적이다. 또 업무책임자가 자신의 책임을 소홀히 하지 않도록 하는 데도 효과적이다. 왜냐하면 실무자에게 단순히 업무를 맡기는 것만으로는 상사의 지시사항을 완수할 수 없기 때문이다.

# 12장

## 갈등관리

> "훌륭한 관리자는 갈등을 완전히 해소시키려 하기보다는 직원들이 갈등으로 에너지를 소진하는 것을 막으려 한다."
>
> ─로버트 타운센드Robert Townsend, 전 에이비스(Avis) 최고경영자

에드 콜드웰(Ed Caldwell)은 "세 명이 모이면 거기에는 반드시 갈등이 있다."고 말하였다. 이처럼 갈등은 대인관계에서 흔한 일이다. 그렇지만 갈등이 반드시 부정적인 것만은 아니다. 갈등은 관계를 개선하는 기회가 되기도 한다. 따라서 무조건 갈등을 회피하거나 무시하는것은 올바른 접근이 아니다. 조직에서 관리자는 상하 관계, 동료 관계에서 많은 갈등을 경험한다. 관리자가 갈등을 효과적으로 관리하려면 갈등의 원인을 찾고 해결할 수 있는 기술이 필요하다.

# 갈등은 왜 일어나는가

조사에 의하면, 관리자는 자기 시간의 약 20%를 갈등 해결과 갈등에 따른 영향을 수습하는 데 보낸다. 관리자에게 갈등문제는 피할 수 없는 과제라 해도 과장된 말은 아니다. 갈등해결을 위해서는 갈등발생의 원인을 이해하는 게 중요하다. 심리학자인 도넬슨 퍼시스(Donelson Forsyth)는 문제를 바라보는 개인 간의 시각차이에서 갈등이 발생한다고 보았다. 조직에서 발생하는 갈등의 원인은 다음과 같다.

## 문제에 대한 시각차이

시각차이는 여러 요인들에 의해 발생한다. 갈등 당사자 간에 해결해야 할 주제나 그와 관련한 상황 인식이 서로 다르기 때문에 나타난다. 인사평가에서 직원은 평가 결과의 공정성을 강조하지만, 상사는 평가 절차의 공정성을 강조한다. 또 갈등 당사자가 갈등 주제에 대해 서로 완전히 다른 정보나 부분적인 정보를 가지고 있을 때도 문제를 서로 다르게 해석한다. 문제를 보는 개인의 성격적 특성 때문에 갈등이 발생하기도 한다. 사소한 것도 심각하게 보거나 부정적인 측면을 부각해서 볼 때도 갈등이 일어난다.

## 추구하는 목표의 차이

갈등 당사자가 서로 다른 목표를 추구하면 해결방안도 달라지고 갈등도 피하기 어렵다. 다시 말해 목표가 다르면 갈등이 발생한다. 마케팅부서는 전략적으로 핵심고객을 확보하려 하고 영업부서는 매출을 높이려고 할 때 갈등이 생긴다. 관리자는 팀 목표를 달성하기 위해 직원의 필요한 역량을 강화하여 육성시키려고 하는데, 만일 직원이 자신의 개인적 성장과 경력개발에 관심을 둔다면 마찬가지로 갈등이 생긴다.

### 문제해결 방법론의 차이

문제를 어떤 방식으로 해결할 것인지에 대한 의견차이가 새로운 갈등을 유발할 수 있다. 이는 협상 과정에서 흔히 발생한다. 힘의 불균형으로 말미암아 상대방에게 위협적이고 분쟁을 일으킬 만한 영향력을 행사하려 한다면, 합리적인 해결방안을 도출하기 어렵다. 또 문제의 책임이 누구에게 있는지 명확히 판단할 수 없을 때도 갈등이 생기기 쉽다.

## 올바른 갈등해결 과정

갈등을 해결하기 위해서는 먼저 서로의 시각차이를 규명해야 한다. 서로의 차이점이 밝혀져야 불필요한 갈등을 최소화할 수 있고, 어디서부터 풀어야 할지를 알게 된다. 상대방과의 시각차이를 규명하는 작업은 4단계를 거친다. 각 단계마다 해당 측면들을 효과적으로 고려하고 있는지 알아보기 위한 몇 가지 질문을 한다. 갈등이 발생할 경우 각 단계별로 제시한 질문을 활용하여 초기에 갈등상황을 해결해 볼 수 있다.

### 갈등상황을 명확히 이해하라

갈등을 효과적으로 해결하려면 자신이 갈등상황을 어떻게 이해하고 있으며, 어떤 대처방법을 사용하고 있는지 파악하는 게 중요하다. 만일 다음 질문들에 명확하게 응답할 수 없다면, 갈등상황을 충분히 파악하고 있다고 볼 수 없다.

- 갈등원인 이해하기
  - 최근에 경험한 갈등을 일으킨 사건이나 상황은 무엇이었나?
  - 이때 나는 어떤 감정을 느꼈고 무슨 생각을 하였나?
  - 갈등의 원인을 무엇이라고 생각하는가?
- 대처방법 분석하기
  - 나는 갈등상황에서 흔히 어떤 방식으로 대처하는가?
  - 갈등상황을 회피하려고 하였나, 아니면 갈등만 증폭시켰나?
  - 갈등을 경험할 때 상대방에게 처음 보이는 대응은 무엇인가?

## 타인의 관점을 이해하라

상대방에 대한 이해는 갈등해결에 매우 중요한 요소다. 이를 위해서는 먼저 상대방의 생각을 성급하게 판단하고 있는 것은 아닌지, 상대방의 생각이나 감정에 공감하고 있는지, 상대방의 관점을 객관적으로 이해하려고 하고 있는지 등을 자문해 볼 필요가 있다. 만일 명확하게 대답할 수 없다면 상대방의 관점을 충분히 이해하고 있다고 볼 수 없다.

- 성급한 판단 유보하기
  - 상대방은 어떤 생각을 하고 있을까?
  - 내가 너무 성급하게 판단한 것은 아닌가?

- 갈등이 생긴 근본 원인이 무엇인가?
- 상대방에게 감정이입하기
  - 내가 만일 상대방이었다면, 어떤 어떤 기분이었을까?
  - 상대방에게 제대로 전달하지 못했거나 상대방을 이해하지 못한 점이 있는 것은 아닐까?
- 상대방의 생각 검증하기
  - 내가 상대방에 대해서 미처 생각하지 못했던 점은 없는가?
  - 상대방의 모든 이야기를 주의 깊게 들었는가?
  - 상대방의 주장이 정말 옳은가?

## 갈등해결을 위한 실행계획을 수립하라

자신과 타인이 갈등상황을 어떻게 이해하고 있는지 명확히 파악했다면, 시각차이가 무엇인지 도출해 본다. 같은 문제를 서로 다르게 보고 있다면, 그 차이를 해소하는 것이 갈등해결의 한 방법이다. 이를 효과적으로 진행하기 위해서는 다음의 4가지 관점에서 질문을 해보고 그 해답을 찾아본다. 만일 명확한 답이 없다면 원만한 해결을 이루기 어렵다.

- 공통 관심사에 집중하기
  - 상대방과 미팅을 통해 얻고자 하는 바가 무엇인가?
  - 쌍방 모두에게 이득이 되는 것은 무엇일까?
  - 서로 잃게 되는 것은 무엇일까?
- 단계적으로 해결점 발견하기
  - 현재 상대방의 동의와 지지를 이끌어낼 만한 토의를 하고 있는가?

- 처음에 경험한 갈등이 풀리지 않고 계속 나타나는 원인은 무엇일까?
- 갈등이 있을 때, 상대방의 두드러진 대응 행동은 무엇인가?
- 구체적인 갈등해결책 준비하기
  - 상대방과 미팅을 통해 얻을 것과 포기할 것은 무엇인가?
  - 갈등이 미치는 영향을 고려할 때, 언제쯤 해소해야 하는가?
  - 어떤 방법으로 해결책을 전달할 것인가?
- 상대방의 피드백 받아보기
  - 갈등해결 과정에서 내가 한 말에 대해 상대방이 느낀 점은 무엇일까?
  - 내 관점에 대해 상대방이 특히 강조하는 말은 무엇인가?
  - 내 의견에 대해 상대방이 일관되게 드러내는 행동이 있는가?

## 실행결과를 평가하라

갈등해결에 대한 평가는 원래 의도한 대로 갈등상황이 마무리되었는지를 평가하는 것이다. 만일 결과가 불만족스럽다면, 성공적으로 갈등이 해결되었다고 볼 수 없다.

- 실행 초기의 의도에 비추어 성공 여부 점검하기
  - 돌이켜볼 때, 내가 원래 의도했던 대로 갈등이 해결되었나?
  - 결과에 어느 정도나 만족하는가?
  - 나의 갈등관리 스타일은 효과적이었나?
- 향후 갈등상황을 대비하기 위한 방안 확인하기

- 이번 갈등관계를 해결하면서 얻은 교훈은 무엇인가?
- 가장 효과적으로 활용할 수 있는 갈등관리 스타일은 무엇인가?

## 다루기 어려운 사람과의 갈등관리

사회생활에서 가장 어려운 문제 중 하나는 다루기 어려운 사람과 관계를 유지하는 일이다. 당신은 누구와 가장 많은 갈등을 경험하고 있는가? 인간관계에서 갈등을 겪을 때는 그 원인이 상대방에게만 있는 것은 아니다. 그렇다고 나에게만 있는 것도 아니다. 갈등은 상황이나 주제에 따라 달리 나타난다. 다루기 어려운 상대방의 특성으로 말미암아 갈등을 겪는다면 어떻게 할 것인가?

- 상대방이 소극적이고 수동적이라면 갈등을 대화를 통해 해결하기는 쉽지 않다. 이럴 때는 상대방을 대화에 참여시켜야 한다. 적절한 방법은 개방형 질문을 사용하는 것이다. 상대방이 단답형으로 대화하도록 이끌기보다는 질문에 대해 논리적, 구성적으로 응답하도록 유도하는 것이다.
- 상대방이 공격적이라면 상대방의 적대적인 감정을 누그러뜨릴 수 있는 방안을 찾는다. 한 가지 방법은 상대방의 말을 어떻게 받아들였는지 부연하거나 반복해서 말하는 것이다. 이 같은 방법은 상대방에게 관심이 있고, 말하는 내용을 경청하고 있다는 인상을 주는 데 효과적이다.

# 갈등관리역량을 개발하기 위해 이렇게 해보자

특정 갈등상황을 가정하고 어떻게 행동해야 할지 생각해 본다 먼저 갈등의 소지가 많은 아래와 같은 상황에 처해 있다고 가정해본다. 그리고 이 상황에서 어떻게 갈등을 해결해야 할지 토론해 보자.

[공동 목초지의 비극]

한 공동 목초지에서 여러 명의 양치기들이 양을 방목하고 있다. 방목하는 양의 수가 늘면 추가로 이득이 생긴다. 처음에 양치기들은 별다른 문제 없이 서로 협동하면서 공동생활을 하였다. 그러나 일부 양치기들이 양떼를 늘리기 시작하자 너도 나도 양 떼를 늘리면서 제한된 공동 목초지는 빠른 속도로 고갈되고 있다. 양치기 A는 양 떼를 늘리는 데 반대하였고, 양치기 B는 양 떼를 늘리는 데 찬성하였다. 앞으로 공동 목초지는 어떻게 관리해야 할 것인가?

토론에는 세 명이 한 조를 이루어 참여한다. 각 조에서 한 명은 양치기 A, 다른 한 명은 양치기 B, 나머지 한 명은 관찰자의 역할을 맡는다. A와 B는 이 갈등을 어떻게 해결할 것인가? 서로 자신의 주장을 펴고 이해가 충돌하는 부분이 어디인지 확인한다. 본문에서 소개한 갈등해결 방법을 적용해 본다. 관찰자는 두 양치기의 토론을 관찰하고 토의가 끝난 뒤에 어떤 갈등방식을 사용하였는지, 갈등해결 방법을 효과적으로 사용하였는지에 대해 피드백을 준다. 당신은 가능한 한 모든 역할을 맡아 본다.

이러한 갈등상황에서는 무엇보다 불만을 직접적으로 제기하기보다는 함께 해결책을 찾으려는 노력이 필요하다. 그리고 자신이 모두 이기겠다는 생각보다 서로가 이익을 얻을 수 있는 방안을 찾아야 한다. 서로의 생각과 입장을 존중하는 분위기를 조성하고, 가능한 한 갈등을 최소화하기 위해 노력한다.

갈등상황이 발생하면 즉각적으로 대응하지 않는다. 이보다는 상대방에게 그 갈등문제를 어떻게 이해하고 있는지, 왜 갈등이 생겼다고 생각하는지 등을 질문해 본다. 말을 많이 하기보다는 가능한 한 상대방의 말을 많이 듣는다. 이런 과정에서 상대방은 분노를 삭히고, 당신은 상대방을 이해시킬 수 있는 방안을 찾을 수 있다.

갈등을 야기하는 문제와 상대방을 분리해서 생각한다. 대개 갈등상황에 처하게 되면 갈등원인이 상황 자체에 있기보다는 상대방의 내적 특성에 있다고 생각하는 경향이 있다. 따라서 갈등원인을 관련 인물과 구분하지 않으면, 갈등이 인격적 문제와도 연결되어 갈등이 훨씬 더 증폭될 수 있다.

갈등원인을 파악하고 상대방과 집중적으로 의견을 교환한다. 의견을 나눌 때는 앞서 소개한 '갈등해결 과정'을 따른다. 가능한 한 상대방에게 질문을 많이 하여 상대방의 생각이나 논리를 파악한다.

다양한 갈등대상, 갈등문제, 갈등상황의 공통점을 찾아 본다. 거기서 공통적으로 반복하여 개입되는 것이 무엇인지 알아본다. 반복적으로 갈등에 개입되는 요소가 있다면, 그것에 대한 편견이 있을 수 있기 때문이다. 이러한 편견이 무엇인지 파악한 뒤에는 또다시 갈등이 생기지 않도록 방안을 모색한다. 직원과 갈등이 생기는 다음과 같은 다양한 상황에서 자신을 객관적으로 관찰해 보고 편견을 최소화하기 위해 노력한다.

- 반복적으로 직무수행의 문제점을 피드백했는데도 개선이 안 되는 직원과의 관계
- 자기계발 욕구가 강한 직원의 교육과 훈련요구를 충족해 주어야 하는 상황
- 직무수행 경험이 부족한 팀을 맡아서 관리감독을 해야 하는 역할 수행
- 매사에 반항적인 직원을 코칭을 해야 하는 경우

# 통제 지향적 관리자

권한을 위임하지 않으면서 부하직원이 하는 일을 모두 알려고 하는 관리자가 있다고 하자. 그는 자신의 방식을 따르라고 지시하는 통제지향 관리자다. 이런 상사와 갈등 없이 지내려면 어떻게 해야 할까?

- 상사의 지시사항을 항상 메모하고, 메모한 내용이 어떻게 이행되었는지 먼저 확인시켜라.
- 상사와 약속한 것은 반드시 지켜 상사가 당신을 먼저 찾지 않도록 한다.
- 상사의 일하는 방식대로 하라. 그리고 나서 배울 점이 무엇인지 찾아보라.
- 상사의 지시를 잘 따르고 있으며, 별다른 저항감이 없음을 보여라.
- 수시로 업무보고를 하여 당신에 대한 관심도를 낮게 만들어라.

자, 이제 당신 자신이 통제지향적 관리자라고 생각해 보자. 당신의 말과 행동이 직원에게 어떤 영향을 미쳤는지 생각해 보자. 그리고 당신이 통제 지향적인 원인이 무엇인지 생각해 보자.

- 당신의 성격 때문이라면, 인성진단을 받아보고 해결책을 찾아보자.
- 당신의 습관 때문이라면 업무지시 방식을 확인해 보고 미팅시간을 철저히 관리해 보자.
- 당신의 리더십 스타일이 문제라면 권한을 위임해 보자.
- 직원의 능력을 신뢰하지 않기 때문이라면 직원의 부족한 역량을 진단하고, 적합한 프로그램을 제공해 보자.
- 직원의 사고와 행동이 문제라면 당신이 코치 역할을 맡아 보자.

# 13장

## 고객지향성

"만일 당신이 고객을 생각하지 않는다면,
아무 생각도 하지 않는 것이다."

─테드 레빗Ted Levitt, 하버드 비즈니스 스쿨 교수

피터 드러커는 "고객 없이는 사업도 없다."고 말하였다. 고객지향성은 관리자나 직원들이 항상 고객을 생각하고 거기에 따라 행동하는 것이다. 고객지향성이 부족하면 고객의 요구와 불평에 방어적으로 대처하고, 고객이 요구하기 전에 미리 대응하는 적극성을 보이지 않는다. 또 고객과 갈등상황이 발생하면 이를 해결하지 못하고 곤란한 상황을 초래한다.

한편 지나치게 고객의 입장을 고려하다 보면, 정해진 업무절차를 벗어나기 쉽다. 고객의 다양한 요구에 대응하려면 많은 예외가 발생하게 되는데, 이는 종합적인 관리를 어렵게 만든다. 이처럼 고객이 중요하

다는 것은 알고 있지만 막상 어느 수준으로 고객서비스를 제공해야 하는지는 판단하기 어려울 때가 많다.


## 고객지향의 리더십

관리자가 고객지향의 리더십을 발휘하려면 경영층의 철학에 고객중심 경영의지가 있어야 한다. 고객중심 경영철학은 직원의 직무행동에 직접적인 영향을 미친다. 관리자는 경영철학을 직원에게 체계적으로 전달하고, 실행시키고, 그 효과를 평가하는 전략가 역할을 수행해야 한다. 고객중심의 리더십을 보여 준 사례를 찾아 어떤 요소를 관리하려고 했는지 알아보자.


### 웨그먼스 푸드마켓

2005년 초 경제전문지 「포춘」지는 '100대 좋은 회사'를 선정해 발표했다. 1위를 차지한 기업은 지난해 9위를 차지했던 웨그먼스(Wegmans) 푸드마켓이다. 이 회사는 직원의 이직률이 6% 정도로 슈퍼마켓의 평균 이직률인 19%보다 훨씬 낮다. 흥미 있는 사실은 이 회사가 1년에 겨우 2개 정도의 신설점포를 낸다는 것이다. 그 주된 이유는 고객을 맞을 준비가 완벽하게 이루어지기 전에는 함부로 점포를 열지 않는다는 회사방침 때문이다. 그리고 직원들 또한 한번 매장을 방문한 고객은 절대 불만족스럽게 해서 보내지 않는다는 것을 좌우명으로 삼고 있다.

### 산요전기의 CEO 임명

2005년 5월, 일본에서 보수적인 기업문화를 가진 산요전기가 방송인 출신인 사외이사 노모요 도나카를 최고경영자로 임명하였다. 그녀는 전자업계 경력이 전무한 상태였기 때문에 매우 이례적인 인사로 평가받았다. 그녀가 사외이사로 있는 동안 고객의 목소리를 사내로 전달하는 역할을 성공적으로 수행한 것이 인선의 주된 배경이었다.

### 닛산의 구세주 카를로스 곤

카를로스 곤 사장은, 1999년 파산 직전의 닛산자동차 사장에 취임한 지 1년 만에 닛산자동차 역사상 최고의 흑자를 일구어냈다. 그는 치열한 세계시장에서 살아남는 길은 철저하게 소비자의 입장에서 제품을 만드는 것이라고 강조하였다. 기술과 자본, 정보, 리더들의 국제화는 그 다음이라고 말한다.

## 고객지향성을 향상시키는 방법

관리자의 고객지향 역량은 기업경쟁력의 중요 요소가 되고 있다. 이는 기업의 모든 활동을 고객중심으로 생각하고 추진하며, 고객서비스의 품질을 높일 수 있는 인프라를 구축하여 운영하는 것이다. 이는 고객분석과 고객요구를 기업의 생존전략과 연계하여 고객지향역량을 향상시키는 데 효과적으로 이용하는 것이다.

## 고객의 의미를 분명히 인식하라

기업의 경영방침에서 '고객중심 경영'이란 문구를 흔히 본다. 그러나 고객이 무엇을 의미하며 고객중심 경영이 어떤 의미인지를 정의하고 있는 예는 드물다. 이런 회사의 직원은 고객을 대하는 자세나 열정이 그리 확고하지 않다. 왜 고객을 찾고 관리해야 하는지에 대한 확신이 부족하기 때문이다.

고객의 관점에서 기업을 운영하려면 먼저 고객이 의미하는 바를 명확히 정의해야 한다. 고객은 회사 안에도 있고 회사 밖에도 있다. 넓은 의미에서 고객은 우리가 만족시켜야 한다고 생각하는 모든 사람이다. 좁은 의미에서는 나에게 급여를 주는 사람이다. 자신에게 이렇게 질문해 보자. "나에게 고객은 어떤 존재인가?"

## 고객을 과학적으로 조사하라

고객이 무엇을 원하는지 어떻게 파악할 것인가? 이전에는 고객을 이해하기 위해 설문조사, 인터뷰, 콜 센터 자료분석, 카드의 사용실태 분석 등을 했다. 그러나 최근에는 비디오카메라, 위성 등 더 다양한 방식들을 개발하여 활용하고 있다.

가장 대표적인 사례는 쇼퍼트랙(Shoppertrak) 서비스다. 쇼퍼트랙은 상가를 방문하는 고객들의 이동량을 비디오로 측정하여 판매량을 예측하는 서비스다. 이 방법은 종래 매출량을 분석하여 소비패턴을 분석하던 방식과는 달리 고객동선과 이동량을 분석하여 예상매출액을 산출하는 방식이다. 고객의 이동을 쉽게 관찰할 수 있는 소매점이나 몰(mall)과 같은 곳에서 주로 활용하고 있다.

## 고객의 잠재 욕구를 파악하라

지금까지 고객지향적 사고는 주로 고객이 원하는 제품과 서비스를 제공하는 것이었다. 그러나 앞으로 고객지향적 사고는 다 적극적으로 고객의 잠재요구를 찾아내는 데 초점을 맞춰야 한다. 이를 위해서는 기술, 사회, 문화적 변화에 따른 고객의 욕구 변화를 파악할 수 있어야 한다.

**리더십
포창**

### 루프트한자는 고객의 마음을 어떻게 사로잡았나?

9 · 11 테러와 사스(SARS) 발생 이후 전 세계적으로 항공사들이 경영 위기를 겪었다. 독일 항공사인 루프트한자(Lufthansa)는 '브랜드 앰배서더(Brand Ambassador)' 제도를 통해 고객에게 고품질의 서비스를 제공하면서 고객의 마음을 사로잡았다. 브랜드 앰배서더는 매일 고객들에게 서비스를 제공하면서 브랜드 충성도(brand loyalty)를 창출하는 헌신적인 직원을 뜻한다. 2만 2000명의 서비스 직원 중에 20%가 선발되어 활동하고 있다. 루프트한자는 또한 경쟁사와 차별된 고품질의 '1대1 서비스'를 원하는 비즈니스 고객을 중점관리하는 전략을 세웠다. 4000만 달러를 투자하여 주요 공항터미널에 문화시설을 확충하고 장거리 항공노선의 비즈니스 클래스에 침대(세계 세 번째)를, 기내에 '광대역 인터넷 서비스'를 세계 최초로 제공하였다.

브랜드 앰배서더 제도는 고객요구를 찾아서 충족해 주는 것과 이를 실행하는 리더십의 중요성을 일깨워 준다.

## 고객중심의 서비스를 제공하라

칼 알브레히트(Karl Albrecht)와 론 젬케(Ron Zemke)는 『서비스 아메리카』에서 존 나이스빗의 하이테크, 하이터치 개념을 소개하면서 하이테크가 발전할수록 사람들은 생생한 인간적인 접촉을 더 원하며, 이러한 인간적인 접촉이 바로 고객중심의 서비스라고 말한다.

그동안 많은 기업들이 고객중심의 서비스를 시도했지만, 장기간 지속되지 못하고 용두사미가 되곤 했다. 이는 그들의 서비스가 진정한 고객중심의 철학에서 비롯된 것이 아니라 일시적인 이벤트에 지나지 않았기 때문이다.


## 고객지향성을 개발하기 위해 이렇게 해보자

자신의 생각이나 행동이 고객중심적인지 알아본다. 이를 위해 아래와 같은 양식을 준비한다. 그리고 당신을 포함해 팀원들에게 각자 경험한 것을 기록하도록 한다.

마지막에 적은 말이 앞으로 고객과의 만남에서 사용할 표현이다. 팀원들이 경험한 사례를 수집하고, 워크숍을 통해 공유하고 피드백을 주고받는다. 우수 사례가 많다면 사례집을 발간해 본다. 생각이나 행동은 습관화된다. 습관은 점진적으로 변화시킬 수 있다. 습관을 고치는 데는 자신의 적극적인 의지가 무엇보다 중요하다. 자신의 언행에 타인이 어떠한 반응을 보이는지 잘 관찰한다. 부정적인 피드백보다는 긍정적인 피드백을 받을 수 있도록 자신의 언행을 바꾼다.

최근 당신이 중요한 고객의 관심을 이끌어 내야 했던 상황을 떠올려 보십시오. 이 상황에서 당신이 고객의 관심을 끌기 위해 한 말은 무엇이었습니까? 해당 상황을 간략히 서술하고, 당신이 한 말을 '사고 깊이 1'에 기록하십시오. 이 말을 더욱더 고객지향적인 관점에서 말한다면, 어떻게 표현하겠습니까? 고객의 입장을 충분히 고려한 말이 될 때까지 반복하여 기록하십시오.

대화 상황  :


사고 깊이 1 : _____

사고 깊이 2 : _____

사고 깊이 3 : _____


고객의 피드백을 항상 메모하는 습관을 들인다. 고객의 피드백은 사소한 불평, 상품전달 지연에 대한 불평, 가격에 대한 불만, 낮은 수준의 서비스에 대한 불만, 약속 불이행에 대한 불만, 부족한 상품정보에 대한 불만, 구매 상품에 대한 서비스를 제공하는 부서의 전화번호 부재 등과 같이 매우 다양하다. 이러한 불만을 가진 사람은 고객 군에서 이탈한다. 고객의 부정적인 피드백의 공통점을 찾아 해결하는 것이 우수고객을 확보하는 지름길이다. 다음 사항들을 점검해 본다.

- 고객 요구를 파악할 수 있는 접근화법이 부적절한가?
- 고객 요구나 고객사에 대한 기초정보를 충분히 파악하지 못한 것은 아닌가?
- 고객이 호의적인 반응을 보일 수 있도록 동기를 부여하였는가?
- 고객을 설득하지 못한 부분이 무엇인가?
- 고객에 대한 후속조치를 체계적으로 못한 것은 아닌가?
- 고객과 긴밀한 대인관계를 형성, 유지하고 있는가?

고객이 가장 불편해 하고 불만족스럽게 여기는 점을 조사해 본다. 고객이 불평하는 것은 고객의 관점에서 보면 당연한 권리와 같다. 어떤 일을 할 때는 다음과 같은 기준에서 생각하고 판단해 보도록 한다. 어떻게 하면 고객의 요구를 충족시키는 데 도움이 될까? 내가 하고자 하는 일이 고객에게 어떤 가치를 주는 일인가? 이런 가치판단을 더욱 구체적으로 적용하기 위해 다음과 같이 해보도록 한다.

- 지금 가장 중요한 고객이 누구인지 생각해 본다.
- 당신이 생각하는 고객 요구의 목록을 작성해 본다.
- 고객과 대화를 통해 고객의 요구가 무엇인지 물어본다.
- 당신이 생각한 고객 요구와 고객이 직접 이야기한 요구를 비교해 본다.
- 고객은 원하지만, 당신이 미처 생각하지 못한 것이 무엇인지 체크한다.
- 다른 고객에 대해서도 당신이 놓치고 있는 고객의 요구가 있는지

확인한다.

- 고객을 제한된 시각에서 보고 있는 것은 아닌지 생각해 본다.
- 고객 요구 가운데 미처 생각하지 못한 부분에 대해 대응방안을 마련한다.

회사의 고객서비스 수준을 경쟁사와 비교 분석한다. 이러한 분석을 할 때는 불만족 고객과 만족 고객의 관점을 모두 고려한다. 고객만족이 회사에 어떤 이득을 주는지 분석해 본다. 고객만족도를 주기적으로 조사해 만족도의 변화 추세를 체계적으로 관리하는 것이 중요하다. 고객만족도가 급격히 높아지거나 낮아지는 변곡점을 중심으로 왜 그와 같은 변화가 나타났는지 심층적인 원인을 분석해야 한다.

영업점이나 콜 센터 등을 직접 방문해 본다. 이는 '진실의 순간'을 체험하기 위한 것이다. 고객과 만나 개선이 필요한 점이 무엇인지를 면밀히 파악해 기록한다. 고객에게 감동을 줄 수 있는 아이디어는 책상에 앉아서는 나오지 않는다. 고객을 만나며 암시를 얻고, 필요하다면 고객이나 관련 직원들과 충분히 토의하여 개선방안을 찾아보도록 한다.

# 14장

## 협상력

"협상에서 흔히 망각하지만, 분명한 사실은
상대방이 감정을 지닌 인간이라는 점이다."

─로저 피셔Roger Fisher, 『Getting to Yes』의 저자

    효과적인 협상으로 인한 기업의 이득은 상상을 초월한다. 반면 협상력의 부재는 기업의 핵심정보 유출, 조직의 내부갈등 등 많은 손실을 수반한다. 협상력은 타고나거나 특정 상황이나 조건에 의해 결정되는 것이 아니다. 협상력은 학습하고 향상시킬 수 있다.

    한편 필요 이상으로 협상력을 발휘하다가는 의사결정이 지연되거나 원하는 것을 전혀 얻지 못할 수도 있다. 다시 말해 과도한 협상력은 상대방이 협상을 결렬시키도록 이끌 수 있다. 지나친 협상 기술은 오히려 상대방과의 관계를 전략적 관계로 한정할 수 있다.

# 효과적인 협상 지침

어떻게 해야 협상을 효과적으로 할 수 있을까? 내가 원하는 것을 전부 얻으려고 하면, 협상은 결렬되기 십상이다. 내가 과연 어느 정도를 얻을 것인지를 결정하고, 이를 내면적으로 수용하는 과정이 필요하다. 그러지 않으면 협상 과정에서 자신의 중심이 계속 흔들리고, 결국 얻는 것보다는 잃는 것이 더 많을 수 있다. 성공적인 협상을 하기 위해서는 협상을 바라보는 관점이 잘 정리되어 있어야 한다. 성공적인 협상을 위해 다음의 지침을 활용해 보기를 권한다.

[협상 시작 전의 지침]
- 구체적인 협상전략을 준비한다. 어떤 협상방법과 기술을 구사하느냐에 따라 원하는 협상안이 채택될 수도, 무산될 수도 있다.
- 협상 상황과 맥락을 잘 파악한다. 특히 상대방에 대한 정보, 상대방이 현실적으로 원하는 것과 목표로 삼는 것, 전략 등을 사전에 파악하는 것이 유리하다.
- 자신의 인적, 물적 자원이 곧바로 협상력을 뜻하는 것이 아님을 인지한다. 어떤 자원이 협상에서 영향력을 발휘할 수 있을 것인지는 협상주제나 상황에 따라 달라진다.
- 협상에서 사용할 다양한 협상카드(currency)를 체계적으로 준비한다. 핵심카드와 이를 대체할 대체카드를 준비한다.
- 협상에서 어느 편이 더 우세할지를 미리 저울질하지 않는다. 자신이 우세하다고 생각하면 방심할 수 있고, 상대편이 우세하다고 생

각하면 의기소침해 할 수 있다.

[협상 진행 중의 지침]

- 협상 시작부터 양보하지 않는다. 양보는 상대방의 기대치를 높인다. 양보를 할 때는 반드시 무언가 보상을 받도록 하고, 양보하는 이유와 그 가치를 상대방에 알린다.
- 협상 초반에 상대방에게 작은 것을 양보하여 좋은 관계를 형성한다. 협상에서 '상호성의 규범(norm of reciprocity)'이 작용하면, 합의에 이를 가능성이 높아진다.
- 상대방이 처음 제안한 조건에 너무 연연하지 않는다. 처음 제안한 것은 그야말로 처음의 것이고, 이제부터 시작이라고 생각하며 협상한다.
- 협상 중에 투자한 것 또는 이미 투자한 비용(sunk cost)을 지나치게 고려하지 않는다. 이 점에 얽매이면 합리적인 결정을 내리기 어렵다.
- 협상 과정에서 갈등이 생기더라도 갈등문제와 상대방의 인격을 연관 짓지 않는다. 상대방의 인격과 연결 지으면, 감정이 개입돼 이성적으로 협상할 기회를 잃게 된다.


## 심리학에서 보는 성공적인 협상 전략

심리학에서 협상은 인지적, 감성적 차원에서 이루어지는 일종의 심리

게임이다. 협상 대상자와의 관계를 일정한 전략에 따라 관리할 때 효과적인 협상결과를 얻어낼 수 있다. 심리학에서 보는 성공적인 협상전략은 다음과 같다.

- 내 편이 이기고 상대편은 지는 방법(win-lose)보다는 서로 실익을 얻는 방법(win-win)을 사용할 때, 협상에서 얻을 수 있는 이익은 더 커진다.
- 협상에서는 논리적 대응뿐 아니라 감성적 대응도 필요하다. 상대방의 요구에 논리적인 대응과 감성적인 대응을 병행할 때, 협상이 성공을 거둘 가능성이 높다. 예를 들면 당신이 판매하려는 자동차가 왜 고가인지 논리적으로 설명하는 것도 중요하지만, 그 자동차의 소유가 사회적 지위와 품격을 말해 준다고 말한다. 이때 감성적 설득은 논리를 정당화한다. 감성은 비논리적이지만, 협상에서는 논리를 압도한다.
- 협상에서 신뢰는 상호이익을 극대화하는 데 매우 중요하다. 서로에 대한 신뢰를 기반으로 협상에 임하면, 쌍방은 개방적인 대화를 나눌 수 있고 이는 경쟁관계보다는 협동관계를 조성한다. 협상이 경쟁관계일 때보다는 협동관계일 때 이익이 더 크다.

## 갈등 해결을 위한 협상전략

이해관계자들 간의 갈등을 해결하는데도 협상 전략이 필요하다. 사회심리학자인 딘 프루이트(Dean Pruitt)는 갈등해결의 4가지 기본적인 협상 전략으로서 문제해결(problem solving), 논쟁(contending), 양보(yielding), 무활동(inaction)을 제시한다.

## 문제해결

문제해결은 쌍방이 기대하는 바를 얻을 수 있는 방안을 모색하는 것이다. 쓸 수 있는 자원을 더 찾아보거나 중요하지 않은 이슈는 서로 양보하고, 비용을 최소화하면서 서로에게 이익이 되는 방안을 찾는다. 이러한 전략은 협상 당사자들의 관계를 지속시키고 최상의 결과를 도출할 수 있다.

## 논쟁

협상에 참여하는 한쪽이 상대편의 양보나 포기를 얻기 위하여 상대편을 설득하거나 위협하는 것이다. 논쟁은 쌍방 간의 갈등을 증폭한다. 결국 논쟁으로 일관된 협상을 통해 얻는 것은 최악일 수 있다.

## 양보

협상에서 각자의 기대나 희망의 수준을 낮추는 것이다. 이 전략은 협상의 이슈가 중요한 것이 아니거나 시간적인 제약이 있을 때 사용한다. 이는 문제해결의 전략으로 유용하다.

## 무활동

협상에서 가장 수동적이고 방어적인 전략으로서 타인에게 시간적으로 압박하는 효과가 있다. 그러나 후속으로 다른 전략을 사용하지 않는다면, 협상 자체가 무산될 수 있다.

위의 4가지 전략은 협상 결과에 대한 관심이 어느 쪽이 높은지에 따라 달리 선택할 수 있다. 상대방이 자신보다 협상 결과에 관심이 많을 때는 양보를 선택한다. 상대방보다 자신이 관심이 많다면 논쟁을 선택한다. 쌍방 모두 관심이 많다면 문제해결을 선택한다. 쌍방 모두 관심이 적다면 무활동 전략을 사용한다.

## 협상력을 개발하기 위해 이렇게 해보자

협상 전에 협상 성공과 실패를 가정한 시나리오를 작성해 본다. 협상에서 중요하게 다룰 각각의 이슈에 대해 발생 가능한 시나리오를 그려보고, 특히 기대에 맞게 진행될 때와 그렇지 않을 때에 대한 대책을 미리 마련하는 것이 매우 중요하다. 협상 과정에서 두 가지 기대 수준의 중간을 타협 방안으로 생각할 수 있다.

| 구분 | 기대와 일치하는 사항 | 협상안 | 기대와 불일치하는 사항 |
|------|------------------|--------|---------------------|
| 대책 |  |  |  |

서로 이익을 얻을 수 있도록 상대방과 입장을 잘 조율한다. 가능한 한 상대방에게 많은 질문을 한다. 상대방의 말을 확인하는 질문을 하고(질문) → 왜 그러한 말을 했는지를 묻고(검증) → 어떤 결론이나 입장이 정해진 배경(동기)을 묻는다. 이런 과정을 통해 서로 조율할 수 있는 부분을 찾아낸다.

협상 주제를 작은 주제들로 나누어 본다. 쌍방이 우선적으로 동의할 수 있는 작은 주제가 있는지 확인해 본다. 양보할 수 있는 주제와 그렇지 않은 주제에 대해 분석하고, 자신이 양보하면 상대방은 무엇을 양보할 수 있는지 확인한다.

| 양보할 수 없는 것 | 양보할 수 있는 것 | |
| --- | --- | --- |
| | 협상 초기 양보할 것 | 단계적으로 양보할 것 |
| | | |

협상 시에는 흥분하지 않도록 한다. 협상을 하다 보면, 상대방이 갈등을 일으킬 만한 말을 할 수도 있다. 이때 상대방에 대해서 부정적인 감정이나 인상을 갖기보다는 상대방의 말과 상대방의 역할을 분리해야 한다. 그러고 나서 협상주제에 대한 논의를 계속 진행해야 한다. 흥분한

채 말과 역할을 구분하지 못하면, 이후 지속적으로 관계를 유지하기 어렵다.

상대방의 체면을 위해 작은 부분은 양보한다. 협상 대상자도 회사의 CEO나 상사에게 협상 진행과정과 결과를 보고해야 한다. 상대방이 얻는 것이 없다면, 상대방의 체면은 떨어지고 회사에서 협상력이 없는 것으로 평가받고 교체될 수도 있다. 작은 양보는 나중에 큰 득이 되어 돌아올 수도 있다.

## 지피 지기

심리학자들은 상대방을 알아가는 과정에서 협상자가 흔히 범하기 쉬운 두 가지 실수를 지적하였다. 첫째는 자신과 상대방의 관심이 전적으로 타협할 수 없는 것이라고 잘못 지각하는 것이다. 이러한 실수는 쌍방이 취할 수 있는 이득의 크기가 이미 정해져 있고, 결국 어느 한쪽이 이익을 최대로 만들어야 한다고 상황을 단정할 때 생긴다. 둘째는 쌍방이 중요하게 다루는 문제의 우선순위가 같다고 가정하는 것이다. 이런 식으로 생각하면 협상 과정에서 자신에게 중요하지 않은 것을 단계적으로 양보하여 타협을 이루는 전략을 사용하지 못하게 된다. 따라서 자신과 상대방의 관심을 정확히 아는 것이 협상을 유리하게 전개하는 데 매우 중요하다. 이러한 지각오류를 최소화하려면 다음과 같은 노력이 필요하다.

- 자신의 가정적 판단이나 고정관념을 버리고, 상대방에게서 유용한 정보를 찾아내 상황을 판단한다.
- 협상 시작 전에 상대편의 관심사항을 파악한다. "제가 어떻게 해드리면, 도움이 되겠습니까?"와 같은 질문을 해본다.
- 협상을 통해 상대편이 얻으려는 결과가 무엇인지 파악한다. "제가 부탁하는 것을 받아주시면, 혹시 문제되는 것이 있습니까?"와 같은 질문을 해본다.
- 협상 초기에 상황을 잘못 지각하는 오류와 그 영향에 대해 학습한다.

# 제4부

# 전략적 관리역량 개발전략

Leadership

# 조직

에서 관리자의 리더십은 개인적 특성보다는 조직목표를 이루기 위한 전략적 수단으로서 그 의미가 더 크다. 오늘날 관리자의 리더십은 경영전략 차원에서 접근해야 한다. 노엘 티시(Noel Tichy)가 말했듯 관리자는 조직의 비전을 제시하고, 그것을 달성하기 위한 전략을 수립하고 실행해야 한다. 또 조직의 성과향상과 직원의 잠재력 개발을 중요한 책무로 인식해야 한다. 이런 측면에서 관리자의 리더십은 전략적인 의미를 지닌다.

# 15장

## 추진력

> "무엇인가를 이루고자 한다면,
> 불가능은 없다는 자세가 필요하다."
>
> —헨리 포드Henry Ford, 미국 포드 자동차 회사 창업자

 

사람들은 어떤 경우에 추진력을 잃는가? 일에 대한 확신이 부족하거나 큰 위험 부담을 느끼는 경우, 지나치게 완벽을 취하는 경우에는 과감하게 일을 추진하지 못한다. 과거에 유사한 실패 경험이 있거나 성취 동기가 부족한 경우에도 추진력이 약해진다. 반면 추진력이 지나치면, 과제를 충분히 검토하지 않는 경우가 많다. 따라서 전략적이고 체계적으로 과제를 추진하지 못할 수 있다. 그리고 도전적이지 않은 과제에는 상대적으로 관심을 적게 가질 가능성이 있다.

## 추진력 있는 리더는 무엇이 다른가

훌륭한 비전과 전략을 수립했다 해도 이를 추진할 수 있는 능력이 없다면 성과를 기대하기 어렵다. 추진력은 야심 찬 목표를 달성하려는 동기와 열정을 뜻한다. 추진력은 현재에 만족하지 않고 전진하려는 것이며, 성취하기 쉬운 목표보다는 높은 수준의 목표를 이루려는 힘이다.

이러한 추진력을 갖춘 리더들의 특성은 다음과 같다.

- 성취동기가 매우 높다. 자신이 중시하는 것을 추구하고 이를 이룰 수 있다는 확신을 갖고 전진한다.
- 당면한 문제나 어려움을 회피하지 않고 정면으로 돌파한다.
- 단호하게 행동한다. 필요하다고 판단하면, "아니오"라고 분명히 말한다.
- 목표를 이루기 위해 열정적으로 일한다.
- 매사 긍정적이고 적극적인 태도를 보인다. 미래에 대해 불안해 하거나 회의적이기보다는 확신을 갖고 있다.


## 추진력을 향상시키는 방법

성공적인 리더는 추진력에 영향을 미치는 요인을 잘 통제한다. 추진력을 향상시키려면 다음과 같은 노력이 필요하다.

## 도전적인 목표를 세워라

추진력은 리더의 성취동기에서 비롯된다. 이러한 성취동기를 유발하는 자극제는 목표다. 목표와 성과의 관계에 관한 연구논문을 종합 분석한 에드윈 로크(Edwin Locke)의 연구결과에 따르면, 리더는 도전적인 목표일수록 강한 성취동기를 느끼고 성과도 높다고 한다. 도전적인 목표를 세울 때는 SMART 원칙을 따라야 한다.

- 구체성(Specific) : 목표가 명료하고 구체적이어야 한다.
- 측정 가능성(Measurable) : 목표를 달성하는 과정을 평가할 수 있어야 한다.
- 가치성(Attractive) : 수립된 목표가 가치 있어야 한다.
- 현실성(Realistic) : 현실적으로 달성할 수 있어야 한다.
- 한시성(Time-framed) : 목표를 일정한 기한 내에 달성해야 한다.

## 일에 열정을 가져라

도전적 목표를 달성하기 위해 필요한 것은 강한 열정이다. 이러한 열정이 지속되지 않으면 성과를 기대하기 어렵다. 리더는 자신과 직원들의 열정을 지속적으로 유지시킬 수 있는 방법을 고민해야 한다.

## 결단력 있게 행동하라

관리자들은 종종 타인의 평가에 대한 지나친 우려, 실패에 대한 두려움, 자신감 부족 때문에 결정을 내리지 못하고 주저한다. 하지만 결정을 미루면 결과도 없다. 추진력은 결단력 있는 행동에서 나온다. 그리고 결단력은 행동해야 할 때 행동하는 능력이다. 리더라면 타인의 지지가 없더라도 자기확신에 따라 결정을 내릴 수 있어야 하고, 그 결과에 책임을 져야 한다.

## 완벽주의를 버려라

관리자들이 결정을 주저하는 이유 중 하나는 아직 그럴만한 준비가 되지 않았다는 생각 때문이다. 그들은 좀 더 많은 정보를 수집하고 다양한 의견을 구하기 위해 노력한다. 하지만 일에는 타이밍이 있다. 준비에 너무 많은 시간을 투자하면 타이밍을 놓치기 쉽다. 추진력을 높이려면 완벽하게 준비하는 것 이상으로 타이밍을 맞추는 것이 필요하다.

# 추진력에 필요한 자기관리 코칭

추진력을 강화하려면 자신의 동기나 의지, 열정에 대한 자기관리가 필수적이다. 그리고 이러한 자기관리를 효과적으로 하는 방법이 자기 코칭(self-coaching)이다. 추진력을 강화하기 위한 자기 코칭 기술은 다음과 같다.

## 성취동기를 분명히 하라

추진력은 분명한 목표의식을 필요로 한다. 그리고 이러한 목표의식은 그 목표를 이루고자 하는 동기에서 비롯된다. 성취동기가 분명하고 강할수록 목표 의식도 강해진다. 자신에게 물어보자. "나는 왜 이 일을 하는가? 이 일이 나에게 중요한 이유가 무엇인가?" 이에 대한 대답이 자신에게 가치 있는 것일수록 추진력을 더 강하게 발휘할 수 있을 것이다.

## 부정적인 생각을 버려라

"나는 능력이 부족해." "나는 항상 운이 없어."와 같이 자신에 대해 부정적으로 생각하면, 하고 있는 일이 성공할 수 없을 것이라는 걱정과 두려움을 유발하고, 이는 추진력을 약화시킨다. 모든 추진력은 자신감에서 나온다. 자신과 자신의 능력에 대한 부정적인 생각에서 벗어날 수 없다면 어떠한 추진력도 기대할 수 없다.

### 낙관적 사고

마틴 셀리그만(Martin Seligman)은 주위에서 발생하는 사건에 대한 해석이 행동에 미치는 영향에 대해 30년 이상 연구하였다. 그의 연구에 따르면, 낙관적인 사고를 가진 사람은 비관적인 사고를 가진 사람보다 운동경기나 생명보험 세일즈 등과 같은 다양한 목표 행동에서 더 우수한 성적을 보였다. 일이 성공적으로 이루어졌을 때 자신의 능력을 인정하고, 실패하더라도 자신을 무능한 인물로 보지 않는 낙관적인 사고가 목표를 향해 계속 나아가도록 동기를 부여하는 것이다.

## 고정관념에서 벗어나라

추진력은 종종 창의성에서 나오기도 한다. 일을 추진하다 보면 언제나 크고 작은 장애에 부딪히기 마련이다. 이러한 장애들 중에는 단순히 열심히 노력한다고 해서 해결할 수 없는 장애들이 있다. 이때 필요한 것이 바로 창의성이다. 목표를 향해 나아가기 위해서는 고정관념을 뛰어넘어 새로운 각도에서 문제를 정의하고 대안을 제시할 수 있는 창의적인 해결 능력이 요구된다.

## 치밀하게 계획을 세워라

추진력은 의욕이나 열정만큼이나 치밀한 계획과 관련이 있다. 목표는 단지 의지만으로 달성되지 않는다. 오히려 몇 번의 작은 실패를 거듭하다 보면 어느 순간 약화되고 마는 것이 의지다. 따라서 실패를 방지하는 치밀한 계획과 준비가 추진력의 필수 조건이다. 추진력 있는 리더라면 일을 하기에 앞서 장애 요인을 미리 파악하고, 그에 대한 대비책을 갖고 있어야 한다.

## 추진력을 개발하기 위해 이렇게 해보자

대규모 과제라면 시행 초기에 성공 경험을 갖는 게 중요하다. '천 리 길도 한 걸음부터'라는 속담이 말해 주듯 과제를 수행할 때, 단계적인 접근이 중요하다. 어려운 과제는 수행하기 쉽게 세분화하고, 각각의 과제를 해결하기 위한 계획을 먼저 수립하고 단계적으로 실천해야 한다. 그러면 어려운 과제도 쉽게 해결할 수 있다. 계획을 세우지 않고 일하면 시작 자체가 지연되고 추진력을 잃게 된다.

쉬운 일을 먼저 수행하여 일에 대한 자신감을 경험하도록 한다. 처음부터 어려운 일을 하면, 좌절을 경험하기 쉽고 이러한 경험은 다른 일에도 부정적인 영향을 미칠 수 있다. 특히 실패와 좌절이 반복되면, 일을 추진하는 것에 대해 부정적인 신념을 갖게 될 가능성이 높다. 이러한 신념은 추진력을 방해한다.

잘할 수 있는 일과 잘하지 못하는 일에 대한 목록을 만든다. 그리고 잘할 수 없는 일은 다른 사람의 도움을 받는다. 직무전문성이 부족하거나 같은 일이 오랫동안 반복되면 비슷한 결정을 반복해야 하므로 일에 대한 동기가 떨어진다. 당신이 지금까지 습관적으로 해왔던 일의 방식을 바꾸어 본다. 당신에게 동기부여가 되지 않은 일은 위임하거나 다른 관리자와 역할분담을 해본다.

추진력이 강한 사람의 업무 방식을 관찰해 본다. 그리고 추진력을 발휘해 성공을 거둔 직원의 경험담을 들어본 다음 도움이 되는 것은 모방해 본다. 물론 다른 사람들의 업무추진 스타일이 나 자신에게도 잘 맞는다고 판단하기는 어렵다. 따라서 시행착오를 통해 자신의 업무추진 스타일을 개발한다.

처음부터 완벽한 결정을 하려고 하지 않는다. 위험을 감수하지 않고는 일을 성공적으로 완수하는 경험을 해보지 못할 가능성이 높다. 일에 대한 두려움은 생각하기에 따라 다를 수 있다. 연구에 따르면, 성공한 관리자가 올바른 결정을 하는 비율은 65%라고 한다. 먼저 일을 시도하고, 진행 과정을 분석하면서 점진적이며 단계적으로 의사결정의 문제점을 분석하고 성과지향적으로 업무를 관리하는 방식을 고려해 본다.

# 16장

## 결과지향성

"리더는 훌륭한 비전만으로는 사람을 이끌 수 없다.
리더는 비전을 실행에 옮기고 결과를 만들어 내는 능력이 있어야 한다."

– 워런 베니스Warren Bennis, 네 명의 미국 대통령 코치이자 리더십 연구의 대가

창의적 리더십센터의 연구 결과에 따르면, 지속적인 성과를 내지 못하는 관리자는 결과지향적인 행동을 하지 않는다. 또 일의 우선순위가 명확하지 않고 인적, 물적 자원을 효과적으로 관리하지 못한다.

한편 결과지향성이 지나치면 들어가는 비용을 간과하거나 다른 사람의 의견을 무시하기 쉽다. 또 계획한 결과를 얻기 위해 수단과 방법을 가리지 않을 수 있다. 이 과정에서 직원들과 갈등을 빚을 수 있으며, 결과가 성공적이라 해도 직원들의 기여도를 낮게 평가하기 쉽다.

## 결과지향적 리더의 특성

추진력이 강한 관리자라 해도 열정과 에너지를 목표에 집중하지 못하면, 계획했던 목표를 이루기 어렵다. 결과를 중시하는 관리자는 어떤 일이 가장 중요한지를 파악하고 여기에 집중력을 발휘한다. 현실적인 장애물이나 업무추진을 제약하는 여러 요인들 앞에서 좌절하기보다는 앞으로 결과를 성취했을 때 얻을 가치를 생각하며 스스로 동기를 부여한다. 당신은 어느 정도나 결과지향적인 행동의도를 지니고 있는가? 결과지향적인 관리자가 보이는 대표적인 모습을 기준으로, 당신에게 어떤 부분이 부족한지 찾아보자.

- 수동적이거나 관망하는 자세를 가진 직원을 목표달성에 강하게 관여시켜, 구체적으로 취할 행동방향을 알려 준다.
- 자신이 가장 중요하게 생각하는 일을 확정한다. 중요한 일을 목록으로 만들어 참고하고, 그 일에 시간과 에너지를 투자한다.
- 과정보다는 결과를 중시한다. 목표를 달성하기 위해 어떤 일을 할 것인지도 중요하지만, 높은 수준의 기준을 정해 놓고 현재의 진척도를 관리하는 것도 중요하다.
- 목표달성을 위해 필요하다면, 긴장감과 긴박감을 조성한다.
- 결과를 얻는 데 방해가 되는 장애물이나 제약을 정면돌파하고, 성공하면 직원들을 칭찬하고 보상한다.
- 일에 투입되는 시간과 에너지, 능력 등을 효과적으로 관리하여 직무행동의 생산성을 극대화한다.

- 직무성과를 높이기 위해 필요한 사항을 직원들에게 코칭하고, 관리자 자신도 코칭을 받는다.
- 일을 지연시키지 않고 계획한 일정에 따라 추진한다.


## 관리자가 결과지향적이지 못한 이유

결과지향적 리더십이 있는 관리자는 모든 인력과 자원을 결과를 얻는 데 집중시킨다. 그러나 결과지향성이 부족한 관리자는 일 추진방식, 자원 활용 능력, 목표에 대한 집중력 등에서 한계를 보인다. 결과지향성을 발휘하지 못하는 주된 원인은 다음과 같다.


- 목표를 명확히 설정하는 데 어려움이 있다.
- 결과를 내는 데 필요한 자원을 조직화하지 못한다.
- 결과를 얻기 위해 체계적인 접근을 시도해 본 경험이 부족하다.
- 최근 새로운 직무를 담당해서 업무를 파악하지 못했다.
- 결과를 얻고자 하는 일에 자신을 깊이 관여시키지 않는다.
- 추진하는 일에 집중하지 못하고, 자원을 낭비한다.
- 지나친 완벽주의 때문에 과감히 시도하지 못한다.
- 일을 주도적으로 처리하지 못하고 습관적으로 일을 지연시킨다.
- 대범하고 혁신적으로 일을 추진하지 못한다.
- 자신 이외의 팀이나 부서의 도움을 받아 일을 성취하는 기술이 부족하다.

## 직원들의 헌신을 유도하라

관리자가 비전과 목표를 달성하기 위해서는, 직원들이 일에 헌신하도록 해야 한다. 직원에게 과제를 맡길 때 그들이 더 열심히 일하도록 독려하는 효과적인 방법은 무엇일까?

[효과적인 방법]
- 추진 과제의 계획수립, 의사결정에 직원을 참여시킨다.
- 객관적인 자료를 주고 왜 주어진 과제를 수행해야 하는지 논리적으로 설득한다.
- 일의 가치나 이상적인 모습 등을 제시하며 감성적으로 호소한다.
- 좋은 분위기를 조성하고, 정서적으로 공감을 불러일으킨다.
- 상응하는 보상을 제공하겠다는 약속을 한다.

[비효과적인 방법]
- 타인의 도움을 받아서 직원을 설득한다.
- 직원들에게 위협, 강압적인 지시를 한다.
- 권위와 영향력이 있는 타인의 지원을 받아서 참여를 유도한다.


## 결과지향성을 향상시키는 방법

창의적 리더십 연구센터의 연구 결과를 참고하면, 조직에서 지속적으로 높은 성과를 내는 것은 리더의 성공을 결정짓는 중요한 요인이다.

지속적으로 성과를 내지 못하는 리더는 상위 직급으로 승진하지 못하고 중도에 하차하는 것으로 나타났다. 그렇다면 리더는 무엇으로 높은 성과를 낼 수 있을 것인가? 관리자가 뛰어난 역량을 갖추는 일도 중요하지만, 일의 우선순위를 정하고, 팀을 효과적으로 관리하여 이를 성과로 연결시키는 기술이 중요하다.

## 목표 관점에서 일의 우선순위를 정하라

일반적으로 효율적으로 업무를 추진하지 못하는 주된 이유는, 자신이 맡은 일의 우선순위를 파악하지 못하기 때문이다. 예를 들어 목표와 직접적인 관련이 있는 긴급한 일을 하기보다는 순간적인 긴장이나 스트레스를 없애기 위해 그다지 중요하지 않은 일을 할 때가 있다.

업무의 우선순위를 알아보는 구체적인 방법은 다음과 같이 분석해 보는 것이다. 먼저 자신이 맡은 일을 성공적으로 수행하기 위해 고려해야 할 사항은 어떤 것들이 있는지 생각해 본다. 그러고 나서 다음과 같은 질문에 대한 답변들을 〈표 9〉에 기록한다. 답변 내용을 보고 긍정적인 것과 부정적인 것을 구분한다.

- 지금 하고 있는 일의 목표가 무엇인가?
- 이 일이 나에게 중요한 일인가?
- 우리 부서의 다른 직원들은 내가 하는 일을 어떻게 생각하는가?
- 주위에서 내가 필요로 하는 지원을 잘 받고 있는가?
- 일을 하면서 예상할 수 있는 난관은 무엇인가?

| 긍정적 요소 | 점수 | 부정적 요소 | 점수 |
|---|---|---|---|
| | | | |
| | | | |
| | | | |

〈표 9〉 일의 수행과 관련한 긍정적 · 부정적 요소 분석표


위의 질문에 대한 답변으로 정리한 것을 보면서, "이것이 없으면 일하기 정말 어렵다"고 생각되면 3점, "이것도 중요하긴 하다"고 생각되면 2점, "이것은 별로 중요한 것이 아니다"라고 생각되면 1점을 주고, 오른편의 점수란에 기록한다. 답변 내용이 많으면, 각 답변의 첫머리에 해당 점수를 적어 본다. 만일 답변이 적으면, 해당 점수를 머릿속으로만 생각해 본다. 모두 마쳤으면, 3점을 받은 답변들을 추려 본다. 그리고 위와 같은 방법으로 다시 생각해 보고, 최종적으로 2~3개를 선정해 본다. 이 과정을 통해 남은 답변이 업무를 성공적으로 수행하는 데 가장 많은 영향을 미치는 긍정적, 부정적 요인이다. 따라서 담당한 일을 성공적으로 마치려면, 이들 요인을 효과적으로 관리하는 것이 중요하다.


## 결과를 최우선시하라

관리자는 팀 목표를 명확히 설정하고, 직원들이 그들의 사고와 행동을 목표에 집중하도록 유도해야 한다. 과정보다는 결과를 기준으로 직원

들의 업무를 평가하고 목표달성을 구체적인 성과지표로 관리해야 한다. 또한 직원들의 노력이 성과로 이어질 수 있도록 적절한 코칭을 해야 한다.

또한 직원들이 더 좋은 결과를 향한 열의를 갖도록 하기 위해 그들의 활동을 피드백해 주고, 그들의 노력을 칭찬하고 격려해야 한다. 관리자가 직원들의 공로를 인정하는 것은 그들에게 주인의식을 심어 주고, 성과를 통해 잠재역량을 확인하도록 한다는 면에서 매우 중요하다.

## 긍정적인 감정과 태도를 강화시켜라

사우스웨스트 항공사는 1998년부터 2001년까지 4년 연속으로 「포춘」지에 의해 미국에서 가장 일하고 싶은 100대 기업으로 선정되었다. 사우스웨스트 항공사의 성공 요인 중 하나는 좋은 직장 분위기, 직원들의 상호격려, 유머 경영 등을 통해 직원들이 긍정적인 감정과 태도로 일에 임하게 한 것이다. 「월스트리트저널」은 사우스웨스트 항공사의 사장 허브 켈러허(Herb Kelleher)를 'CEO들 중에 어릿광대 왕자'라고 묘사하고, 유머가 뛰어난 인물이라고 칭찬하였다. 이러한 사우스웨스트의 즐거운 직장 분위기는 직원들의 긍정적인 감정과 태도를 강화시켰고 결국 높은 직무성과로 나타났다.

## 직원들에 대한 직무 코칭을 강화하라

관리자는 직원들이 자신의 직무에서 능력을 최대한 발휘하고 성과를 극대화할 수 있도록 다음 사항들을 코칭하고 지원해야 한다.

- 직원들이 소수의 핵심 사항에 집중할 수 있게 한다. 직원들이 목표를 달성하기 위해 해야 할 과제를 두세 개로 한정한다.
- 새로운 직무목표를 달성하기 위해서 직원들은 준비과정이 필요할 수 있다. 관리자는 요구사항을 파악해 목표달성을 위한 여건을 조성해 준다.
- 업무수행에 개선이 필요한 점은 없는지 파악해 조치를 취한다.
- 바람직한 행동은 칭찬과 보상을 통해 강화시키고, 부정적인 행동은 바른 방향으로 수정해 준다.
- 코칭 과정에서 직원의 의견을 경청하고, 성과를 향상시키기 위해 개선이 필요하다고 판단한 사항은 곧바로 피드백해 준다.
- 직원들이 스스로 행동변화의 필요성을 인정하고 실천하도록 코칭한다.

## 결과지향성을 개발하기 위해 이렇게 해보자

가장 먼저 해야 할 일들의 목록을 작성한다. 각각에 대해 10점 만점으로 중요도를 매긴다. 숫자가 클수록 중요도가 높다. 8점 이상인 일이나 상위 2~3개의 일을 먼저 추진한다. 그보다 낮은 점수를 받은 일을 먼저 추진하면 좋은 성과를 창출할 수 없다.

계획적으로 시간관리를 한다. 개인 성격에 따라 새로운 일을 맡은 경우, 그 일을 끝내는 기한이 가까워져야 서둘러서 일하는 예가 있다. 특히 중요한 일을 미루면, 큰 문제가 가능성이 있으므로 유의한다. 일을 효과적으로 해내려면 세 부분으로 나누어 보고, 마무리하는 데 걸리는 시간을 계산해 본다. 전체 기간 중에 마지막 10~20%의 시간은 예비시간으로 비워 둔다.

어려운 일일수록 작은 단위로 쪼개어 처리한다. 복잡하고 난이도가 높은 과제는 좌절을 느낄 가능성이 높다. 성공적으로 추진한 경험이 적을수록 큰 단위의 과제를 맡으면 의기소침해지기 쉽다. 비슷한 경험이나 전임자의 의견을 들어보는 것도 좋다. 커다란 바위도 작은 단위로 쪼개어 가면 모두 다 깨뜨릴 수 있다.

일단 일을 시도해 본다. 처음부터 완벽한 결정을 내리고 일을 추진하기는 어렵다. 연구에 따르면 성공적인 관리자가 올바른 결정을 하는 비율은 65%라고 한다. 점진적, 단계적으로 문제점을 분석해 고쳐 나가도록 한다.

업무 과정의 설계와 관리에 대해 학습한다. 방법론을 학습하여 기존 업무 과정에서 고칠 점을 찾아본다. 업무 과정을 분석했으나 문제점이 발견되지 않았다면, 조직진단을 실시해 성과달성에 부정적으로 작용한 요인이 무엇이었는지 더 찾아본다.

- TQM(Total Quality Management), 업무 과정 재설계(Business Process Re-Engineering : BPR) 등을 소개하는 책을 통해 업무 과정

관리방법론을 학습한다.

- 업무처리 과정에서 이해관계자나 의사결정자가 당신의 업무내용을 이해하고, 필요한 지원을 제공할 수 있을지 충분히 생각하고 확인한다.

- 업무추진 과정에서 인적, 재정적, 물적자원을 계획에 따라 효율적으로 조달하고 활용하는지 평가한다.

# 17장

## 코칭

"소중하게 생각하지 않는다면, 그 사람을 코칭할 수 없다."

– 에디 로빈슨Eddie Robinson, 전설적인 미식축구 코치

경영자 코치인 윈스턴 코너(Winston Conner)는 "코치는 코칭 면담에 답을 가져가지 않는다. 코칭 대상자가 스스로 문제를 발견하도록 도움을 주는 시스템과 과정을 제공할 뿐이다."라고 말하였다.

이 말은 코치의 역할을 명확히 정의해 준다. 이에 반해 코칭 기술이 부족한 관리자는 조언이나 지원을 통한 육성보다는 지시나 강요에 의한 육성을 시도한다. 그렇지만 지나친 코칭은 직원에게 통제받는다는 느낌을 줄 수 있다.

한편 코칭 리더십을 효과적으로 발휘하려면, 성과향상에 필요한 직원의 육성 포인트를 명확히 도출하고 직무 중심으로 코칭해야 한다.

# 코칭 리더십

리더십 진단결과를 보면, 기업규모와 관계없이 관리자의 코칭 리더십은 여러 역량들 중 가장 낮게 나타난다. 대부분의 리더들은 목표설정, 업무 추진, 업무지시, 실적관리 등에는 뛰어난 반면, 직원의 직무활동 코칭 부문은 상당히 취약한 면을 보이고 있다. 코치로서 관리자의 역할을 거의 하고 있지 않는 셈이다.

캐서린 프레드먼(Catherine Fredman)과 폴 로저스(Paul Rogers)는 240개의 글로벌 기업을 대상으로 인재육성 방법으로서 코칭 활용 실태를 조사한 바 있다. 그들의 보고서에 따르면, 인재육성을 가장 잘하는 상위 20개 기업들의 73%가 코칭을 육성방법으로 사용하는 데 반해 그 외의 기업들은 41%에 불과하였다. 조직성과가 인재의 역량에 따라 결정된다고 전제할 때, 코칭을 통한 인재육성이 성과로 직결되고 있는 것이다.

최근 국내에서도 코칭이 관리자의 자기계발과 역량 강화를 위한 효과적인 방법으로 관심을 끌고 있다. 하지만 코칭을 한다고 해서 자동적으로 직원들의 직무성과가 향상되는 것은 아니다. 중요한 것은 코칭을 효과적으로 활용할 줄 알아야 한다는 것이다.


## 성과향상을 위한 효과적 코칭 방법

코칭은 직원들이 각자의 역량을 효과적으로 발휘하게끔 돕는 것이다.

뛰어난 코칭 리더들은 직원의 직무행동을 주의 깊게 관찰하고, 적절한 육성 포인트를 찾아내 코칭한다. 직원을 코칭 하고자 할 때 다음 방법을 활용해 보자.

### 행동을 관찰해 역량 수준을 추론하라

직원의 역량 수준은 직접 측정할 수 없기 때문에 관리자는 직원의 직무행동을 관찰하고 역량 수준을 추론해야 한다. 관찰한 행동을 통해 역량을 추론하려면 행동방향, 행동강도, 행동의 일관성에 주목해야 한다. 특히 행동의 일관성은 대상인물의 내적 특성을 추론하는 데 가장 설득력이 높은 단서로 간주된다. 행동 관찰로 역량 수준을 추론하는 예를 들어보면 다음과 같다.

- 창의성이 부족한 직원 : 직무를 수행하면서 당면 문제를 해결하기 위해 새로운 아이디어나 제안을 제출하는 일이 거의 없다.
- 창의성이 보통인 직원 : 자신의 직무범위에 속하는 문제에 대해서는 더 나은 해결책을 찾으려고 노력하는 모습을 보인다.
- 창의성이 뛰어난 직원 : 직무를 수행하면서 자신의 직무범위를 넘어서는 문제에 대해서도 독창적인 해결책을 제시한다.

### 코칭을 위한 주요 업무요소를 설정하라

관리자들이 현장에서 코칭을 하면서 어려워하는 부분이 무엇을 코칭할 것인지가 분명치 않다는 점이다. 코칭에 앞서 '주요 업무요소'를 설정해 놓는다면 좀 더 쉽게 코칭을 시도할 수 있다. 주요 업무요소란 관리자가 반드시 평가 또는 코칭해야 할 중요 요소로서, 직원이 담당하는 직무와 가장 관련이 높은 6개 내외의 직무 특성을 말한다. 주요 업무요소는 직무기술서에 근거해 도출한다. 이를 명확히 설정하면, 대상직원에게 어떤 요소를 코칭하고 평가할지가 분명해진다.

## 현장 코칭을 하라

코칭은 직무수행 과정에서 지속적으로 개선사항과 방향을 제시하는 현장 코칭(coaching on the job) 방식으로 이루어져야 한다. 코칭을 할 때 관리자는 직원이 개선해야 할 직무행동의 방향과 내용을 구체적으로 제시해야 한다. 직무와 관련된 행동의 변화를 유도하기 위해 관리자는 코칭 시 다음과 같은 기술을 사용할 수 있다.

- 직원의 의견을 경청한 뒤 개선점을 정의하고 공유한다.
- 직원의 성과향상을 위해 필요한 지식이나 기술을 알려 준다.
- 직원의 실수를 질책하기보다는 학습기회로 삼도록 코칭한다.
- 성과향상 방법을 알려 주어 직무에 만족감을 갖도록 한다.
- 문제행동에 대한 지적은 잠시 유보하고, 좋아진 점에 대해 피드백을 해준다.

## 직원의 행동변화에 중점을 두어라

코칭의 궁극적인 목적은 행동변화다. 직무성과를 내지 못하는 행동을 찾아내 그 원인을 분석해야 한다. 이를 위해서는 직원의 행동을 비정기적으로 관찰하고, 타인의 피드백을 수집하는 노력이 필요하다. 진단도구를 사용한다면 360도 진단을 하도록 한다. 대상직원의 행동에서 변화가 필요한 행동을 도출해 낸다. 이를 위해서 다음과 같은 질문을 하면서 변화시킬 행동을 찾아본다.

- 타인들이 문제가 있다고 공통적으로 지적하는 행동은 무엇인가?
- 진단 결과에서 타인과 시각 차이를 많이 보이는 행동은 어떤 것인가?
- 지속적으로 개선되지 않는 행동은 무엇인가?
- 담당 직무를 수행하는 데 방해가 되는 행동은 무엇인가?

## 목적에 맞는 피드백을 하라

관리자가 직원의 성과향상을 위해 피드백을 할 때, 가장 망설이는 때가 부정적인 피드백을 해야 할 때다. 관리자가 피드백을 부적절하게 사용하면 상대방의 저항을 야기해 관계가 나빠지고, 직무성과를 저하시키는 역기능이 나타날 수 있다. 더구나 직무경험이 별로 없고 성과가 낮은 직원에게 부정적인 피드백을 하는 것은 특히 주의해야 한다. 다음 사항을 참고해 어떤 방법으로 피드백을 할 것인지 결정한다.

- 간단하게 피드백을 한다.
- 적절한 타이밍에 피드백을 한다.
- 객관적인 자료를 근거로 구체적인 행동을 지적하고 개선방향을 알려 준다.
- 상대방의 인격이 아닌, 업무목표와 관련된 행동에 집중한다.

- 중립적으로 하고 비판하지 않는다.
- 부정적인 피드백을 해야 할 때는 상대방이 이를 통제할 수 있는지 고려한다.
- 피드백으로 인해 상대방의 잠재력이나 주도력이 손상되지 않도록 주의한다.

## 리더 유형별 코칭 방법

만일 조직의 고급 관리자로서 다양한 리더들을 코칭해야 한다면, 리더들에게 어떤 내용을 중심으로 코칭해야 할지 막막할 수 있다. 폴 라슨 (Paul Larson)과 매슈 리치버그(Matthew Richburg) 박사는 사업에 미치는 영향력을 기준으로 리더를 크게 3가지 유형으로 분류하고(〈표 10〉), 이들 리더들에게 코칭할 내용을 차별적으로 제안하고 있다. 코칭대상이 되는 이들 리더는 조직의 핵심인재로서, 향후 승계계획에 따라 핵심 직책을 맡을 가능성이 높은 관리자들이다.

| 리더의 유형 | 리더의 특성 | 코칭 중점 사항 |
|---|---|---|
| 중단기 육성 리더 | 장차 핵심 포지션에 들어갈 잠재력이 있는 후보 | - 피드백을 통한 자기이해, 통찰 기회 제공<br>- 새로운 행동변화, 더 넓은 시각에서 조직에 대한 이해 제공<br>- 최고경영층의 경영 마인드, 실무 이해 제고<br>- 변화에 대한 적응력 제고<br>- 주위의 관심에 대처하는 기술 |
| 조기 육성 리더 | 경영성과에 영향을 미칠 수 있는 역량을 보유한 전문가형 리더. 부하육성이나 경영진과 원만한 관계 유지가 중요 | - 자기이해, 통찰력 증진<br>- 관리자로서 성공에 걸림돌이 되는 요인들과 관련된 행동변화 유도<br>- 조직의 현 이슈에 대한 관심 유도<br>- 조직 내 상사, 동료, 직원과 원만한 관계형성 촉진<br>- 성공과 좌절, 도전기회 제공 |
| 전략적 리더 | 경영진에 포함될 수 있는 역량을 가진 인재형 리더 | - 전략적 사고 향상<br>- 갈등관리 기술 제고<br>- 리더십 기술 함양<br>- 경영층, 회사 이해관계자와 원만한 관계 유지 |

〈표 10〉 리더 유형별 코칭 중점 사항


　국내에서는 삼성, LG를 중심으로 S급으로 분류되는 최우수 인재를 세계 각국에서 영입하고 있다. 조직의 최우수 인재는 어떤 방식으로 코칭해야 할까? 카롤 와실리신(Karol Wasylyshyn)은 일반 직원을 대상으로 한 코칭과는 다른 방법을 적용해야 한다고 한다. 그리고 다음 4가지 요소를 고려하라고 제안했다.


• 개인의 리더십 수준뿐만 아니라 성격 등 대상자의 모든 것을 파악한다. 그리하여 대상자가 자기 자신을 충분히 총체적으로 이해할

수 있도록 하고 코치도 이런 종합적인 정보를 활용해 코칭한다.

- 최우수 인재는 새로운 것을 학습해야 할 필요성을 별로 느끼지 못한다. 코치는 진단대상자를 과학적으로 진단하고, 관련 자료를 활용해 대상자의 내면으로 들어가서 문제가 되는 행동의 근본원인을 분석한다. 그리고 대상자가 이를 자각하도록 도와준다.
- 최고경영자가 코칭에 참여한다. 최우수 인재가 현재 담당하고 있는 직무뿐만 아니라 향후의 기여 가능성을 인식하고 확신하도록 도와준다.
- 거래 차원의 관계형성이 아닌 신뢰를 바탕으로 한 중장기적인 경력개발을 지원하는 관계를 형성한다.


## 코칭 스킬을 개발하기 위해 이렇게 해보자

직원들의 요구와 개인적인 계획을 들어주는 데 시간을 할애한다. 직원들의 강점과 약점을 파악하고, 부족한 역량을 육성하는 것은 관리자의 몫이다. 직원 육성에 자신이 어느 정도 역할을 하고 있는지 알아본다. 직원을 포함해 타인에게 이에 대한 의견을 물어본다.

직원과 면담할 때, 다음 여섯 가지 항목의 질문들을 사용해 본다. 면담을 진행하면서 각 체크 포인트별로 점검할 질문들을 빠짐없이 하고 있는지 확인한다. 직원에게 인재개발 담당자로부터 어떤 지원을 받을 수 있는지 명확히 알려준다.

| 점검 포인트 | 면담 점검 항목 |
|---|---|
| 코칭 방향 | - 성과를 강조하였는가? 아니면 특성을 강조하였는가?<br>- 특성을 강조하였다면, 그 특성들은 성과와 관련이 있는가?<br>- 비판은 업무에 관한 것이었나, 아니면 개인적인 것이었나? |
| 수집 사례의 구체성 | - 구체적인 사례에 집중했나?<br>- 의견에 대한 이유를 얼마나 구체적으로 제시했는가?<br>- 구체적인 사건을 잘 활용했는가?<br>- 얼마나 솔직했는가? |
| 원인 파악 여부 | - 원인을 파악했는가?<br>- 원인을 찾으려고 노력했는가?<br>- 성과에 부정적인 영향을 주는 원인을 발견했는가?<br>- 직원의 역량 발휘를 가로막는 저해요인을 제거할 방법을 찾았는가? |
| 면담 방법 | - 쌍방향으로 면담을 진행했는가? 아니면 혼자서 면담을 주도하였나?<br>- 서로 의견을 주고받는 바람직한 토론이었나?<br>- 직원의 생각과 발언을 유도하기 위한 질문을 했나?<br>- 쌍방 간의 견해차이를 확인하고 해소했는가? |
| 목표수립 여부 | - 성과개선을 위해 상사, 인사담당, 본인이 담당할 내용을 계획에 반영하였나?<br>- 직원의 변화를 평가할 기준을 반영하여 목표를 수립했는가?<br>- 목표는 구체적이었나, 일반적이었나?<br>- 목표를 일방적으로 정했나, 함께 수립했나? |
| 동기부여 여부 | - 직원이 앞으로 행동을 개선하려는 의욕을 보였는가?<br>- 성과해결을 위한 직원의 노력과 의지에 관심을 표명했는가?<br>- 긍정적인 동기를 부여해 주었는가?<br>- 쌍방의 참여와 협조가 중요하다는 점을 주지시켰는가? |

직원의 성장을 위한 육성계획을 함께 만든다. 조직이 성장하려는 것처럼 개인도 성장하기를 원한다. 성장은 새로운 것에 대한 학습과 인지적, 행동적 변화를 포함하는 것으로 70%는 현장직무에서, 20%는 타인에게 조언이나 코칭, 멘토링을 통해서, 나머지 10%는 집합교육이나 독

서에서 온다고 한다. 관리자는 직원의 성장방향과 적절한 학습방법을 제시해 주어야 할 책무가 있다는 점을 명심해야 한다.

저성과 직원의 경우, 그의 행동을 분석하고 문제점을 찾는다. 직원의 문제행동에 대한 체계적인 분석을 근거로 해결책을 마련할 때, 직원이 우수한 성과를 보일 가능성이 높아지고 관리자는 부하육성에 자신감이 생긴다. 직원의 문제행동을 분석하기 위해 다음의 간단한 분석기법을 적용해 본다. 다음의 순서를 따른다.

1. 문제행동을 찾는다. 관리자는 평소 직원의 직무행동을 관찰하고 개선이 필요한 문제행동을 기록한다. 평가면담에서 무엇이 문제행동인지를 명확히 한다.
2. 문제행동의 결과가 무엇인지를 객관적, 구체적으로 서술한다. 관리자와 직원은 결과에 대해 서로 의견이 일치해야 한다.
3. 문제의 원인이 어디에 있는지 도출한다. 모든 행동에는 원인이 있다. 문제행동과 결과는 객관적으로 관찰할 수 있지만, 원인은 추론해야 한다. 직원의 문제행동이 무엇 때문에 생겼는지 면담을 통해 도출한다.
4. 위의 분석을 모두 마쳤으면, 문제행동을 구체적으로 어떻게 바꿀 것인지 토의하고, 행동변화의 방향과 구체적 육성 프로그램을 제시한다. 이 내용을 직원의 개발계획서에 포함시킨다.

| 원인 | 문제행동 | 결과 |
|------|----------|------|
|      |          |      |

직원들이 넓은 시야를 갖도록 도와준다. 성장은 새로운 것을 배우고, 새롭게 볼 수 있는 시각을 갖는 것을 뜻한다. 직원들이 자신이 담당하는 직무 이외에 새로운 직무를 체험하고, 자신과 다른 직무경험을 가진 직원들과 공동프로젝트를 추진할 수 있도록 기회를 준다.

- 사내에서 조직혁신, 경영혁신, 신사업발굴, 국내외 시장개척 등을 위한 추진팀(TFT)을 구성하여 운영할 때 직원을 참여시킨다.
- 국내외에서 열리는 세미나, 학술대회, 토론회 등에 참여하게 해 새로운 지식을 습득하도록 기회를 제공한다.
- 사내에 학습 동아리를 구성하여 직원들이 참여하도록 권유하고 적극 지원한다.
- 사외봉사 활동 등에 참여하도록 하여 팀워크를 형성하거나 활동목표를 달성하는 데 리더십을 발휘할 수 있도록 기회를 준다.

# 18장

## 팀워크 형성

> "훌륭한 선수를 선발하는 것보다.
> 선수들이 단합해서 게임을 하도록 하는 것은 훨씬 더 어렵다."
>
> – 찰스 딜런Charles Dillon, 뉴욕 양키스의 전 매니저

팀워크 형성은 개인의 잠재력이 집단 차원에서 발휘할 수 있도록 하는 관리 방법이다. 팀워크에 대한 마인드가 없는 관리자는 집단 정신이나 집단의 시너지 효과를 믿지 않으며, 팀 성과에 개인이 기여하는 방식을 잘못 이해하는 경향이 있다. 집단을 단순히 개인들의 합이라고 생각하기 때문에 집단의 힘을 적극적으로 활용해 목표를 이루려는 노력에 관심이 없다.

그러나 팀워크를 지나치게 강조하다 보면, 개인의 희생을 강요해 개인의 특성을 무시할 수 있다. 개인의 불평불만, 의견 등에 귀를 기울이지 않고, 개인 사이의 갈등을 효과적으로 해결하지 못할 수 있다. 따라

서 조직목표 달성을 위해 팀워크를 조성하는 관리자는 팀과 팀원의 관계를 잘 조율해야 한다.

## 팀워크의 방해요인

팀을 만들기는 쉬워도 팀워크를 만드는 것은 쉽지 않다. 관리자는 팀 구성도 중요하지만, 팀워크를 만드는 데 더 많은 역량을 발휘해야 한다. 먼저 팀워크에 걸림돌이 되는 요인을 살펴보면 다음과 같다.

### 공동목표의 부재

공동의 목표가 없다면 팀원들의 역량을 결집시키지 못한다. 목표가 없거나 명확하지 않으면, 팀의 우선 과제가 불분명해지고 팀원의 역할을 정의하기 어려워진다. 따라서 그만큼 팀의 효과성은 낮아진다.

### 개인 플레이

개인 플레이를 강조하고, 이를 보상하는 문화가 형성되어 있다면, 팀원 각자의 역량, 독특성, 다양성이 강조되고, 경쟁 지향적 문화가 형성되어 팀워크를 형성하기 어렵다.

### 폐쇄적 문화

팀원들 간의 자유로운 의사소통이 어렵고 실험정신, 도전과 혁신활동에 대해 둔감한 조직은 팀워크가 형성되기 어렵다. 이러한 조직에서는 팀원의 다양한 사고와 창의적인 아이디어를 인정하지 않고, 정형화된 업무처리를 강조한다. 따라서 재미나 유머가 없고, 신바람 나게 일할 수 있는 조직분위기가 형성되지 않는다.

## 통제형 리더십

통제형 리더는 팀워크의 중요성을 인식하지 못하고, 팀워크 형성에 필요한 여건을 조성하지 않는다. 또 팀원의 잠재능력을 충분히 끌어내지 못한다. 이러한 관리자는 팀원의 역량과 성취를 인정해 주고 그들에게 동기를 부여하는 기술이 부족하다.

# 팀워크를 향상시키는 방법

팀이 높은 수준의 효율성과 효과성을 이루려면 팀워크가 필요하다. 팀 리더는 팀원들이 서로 신뢰하고 협력하게 만들고 목표 달성에 집중하도록 이끌어야 한다. 또 팀원들이 공동의 목표를 이루겠다는 확고한 의지를 갖도록 리더십을 발휘해야 한다. 팀워크를 향상시키기 위해 관리자는 다음과 같은 방법을 사용할 수 있다.

## 명확한 팀 목표를 제시하라

성공적인 팀 리더는 팀원들에게 명확한 목표를 제시한다. 목표는 왜 그들이 서로 신뢰하고 의존해야 하는지에 대한 이유를 제시한다. 그러나 목표를 제시했다고 해서 팀워크가 형성되는 것은 아니다. 팀원이 팀 목표를 수용하게 하려면 팀원이 팀에 헌신하도록 하는 계기를 마련해야 한다. 공개적으로 팀원의 역할과 의무에 관한 '팀원선서'를 하게 하는 것도 한 가지 방법이다.

## 상호신뢰를 유도하라

신뢰가 형성되지 않으면 팀원들이 문제를 해결해 가는 과정에서 대립하거나 갈등하기 쉽다. 팀원들이 서로 신뢰를 형성하려면 무엇보다 서로의 의견을 존중하도록 해야 하고, 활발한 의사소통이 이루어질 수 있는 시스템을 만들어야 한다.

**리더십 코칭**

### 편 가르기

고정관념은 오랜 기간을 걸쳐 사회문화적으로 생성되지만, 한 집단의 성원을 두 집단으로 구분하는 것만으로도 형성된다. 사회심리학자인 헨리 타지펠(Henri Tajfel)은 한 집단의 사람들을 임의로 청군과 백군으로 구분하였다. 두 팀이 게임을 하도록 했을 때, 사용한 말과 행동을 비교한 결과 같은 집단에 소속된 팀원에게는 우호적인 발언과 친근감을 느꼈지만, 다른 팀원에 대해서는 공격적인 발언을 하고 심리적 거리감을 느꼈다. 단순히 두 집단을 의미 없이 범주화했을 뿐인데, 두 집단의 팀원들은 상대팀원들에 대해 고정관념을 쉽게 형성하였다. 리더는 직원을 대할 때, 편 가르기를 하지 말아야 한다. 리더는 의미 없는 말 한마디로 직원들 간에 고정관념을 심어 줄 수 있다. 이런 고정관념이 팀워크를 무너뜨리는 지름길인 것이다.

## 권한을 위임하라

팀원들에게 권한을 위임해야 그들은 자신감과 책임감을 갖게 된다. 즉 임파워먼트가 형성된다. 권한을 위임하면 자신의 일에 열정을 갖고 역량을 발휘하며 더 많은 동기 부여가 될 수 있다. 팀원들에게 권한을 위임한다는 것은 자신의 직무활동을 통제하는 권한을 갖게 하는 것을 의미한다. 다른 의미에서는 팀원들이 자신들의 성과에 대한 책임을 지게 하는 것이다. 이는 팀원들이 팀 활동과 성과에 주인의식을 갖게 하는 계기가 된다

## 높은 성과를 창출하라

팀이 외부의 인정과 지지를 받을 때, 팀원들은 자신의 정체성을 팀의 정체성과 동일시한다. 그들은 팀에 강한 소속감을 느끼며, '이 일은 내 일이다.'는 주인의식을 갖고 팀을 위해 헌신한다. 팀이 높은 성과를 창출할수록, 응집력이 높아지고 갈등은 줄어든다.

## 팀워크 문화를 조성하라

팀 내에서 자유로운 의사소통과 협력의 분위기가 형성되어 있어야 한다. 팀이 어려움에 처했을 때는 팀원들이 서로 갈등하기보다는 격려하는 문화를 조성해야 한다. 수전 히스필드(Susan Heathfield)는 팀워크 문화를 형성하는 방법으로 다음과 같은 제안을 한다.

- 직원들의 팀워크에 대한 다양한 의견과 제안을 장려하고 개방적으로 수용한다.

- 관리자는 팀워크의 모범을 보여야 한다.
- 조직의 가치를 말할 때 팀워크가 반드시 들어가야 한다.
- 팀워크의 가치가 조직 내에서 인정받고 보상받는 분위기가 조성되어야 한다.
- 모두 협동하여 목표를 이루었더라도 개인이 기여한 만큼 보상해야 한다.
- 조직 내의 성과우수 사례에서 팀워크를 강조해야 한다.
- 성과관리 시스템에서 팀워크의 가치를 강조하고 인정해야 한다.

## 팀워크 역량 개발을 위해 이렇게 해보자

팀에 대한 각자의 기여도를 객관적으로 파악한다. 팀원에게 아래와 같은 양식을 나누어 주고, 팀이 100이라는 성과를 내는 데 각자 어느 정도 기여했다고 생각하는지 적어 보게 한다. 각자 생각하는 자기 자신의 기여도만을 적는다. 기여도는 비율로 적도록 한다. 예를 들어 100 중에서 15를 기여했다고 생각하면, 15%라고 적으면 된다. 각 팀원이 작성한 것을 모아 기여도를 합해 본다. 기여도의 합은 100%가 되어야 하지만, 그 이상이 되기 쉽다. 총합이 100%를 넘는 이유에 대해 팀원들과 토의를 한다. 분기별로 조사한다면, 다음 분기에 어느 정도 100%에 가까워졌는지 확인해 본다. 100%에 가까울수록 팀워크가 우수한 것이다.

대화 시 '나'보다는 '우리'라는 표현을 사용한다. 이는 공동체의식을 높이는 방법 중 하나이다. '우리'를 대표할 수 있는 로고, 구호, 노래, 상징물 등을 만드는 것도 '우리' 의식을 높이는 좋은 방법이다.

팀원의 동기 부여에 결정적인 요소를 찾아 목록을 작성한다. 팀원에게 동기 부여가 되는 요소는 사업의 특성이나 조직문화에 따라 차이가 있다. 조직문화 조사나 직원들의 직무만족도조사(employee satisfaction index : ESI) 등을 실시해 동기를 저해하는 요인과 촉진하는 요인을 파악한다.

각자 일할 때와 팀을 이루어 일할 때를 비교해 본다. 심리학적 연구 결과는 사람들은 혼자 일할 때보다 집단으로 일할 때 더 우수한 결과를 발휘한다고 한다. 집단으로 일할 때는 타인과 비교하는 심리와 타인의 평가에 대한 두려움 그리고 타인의 도움 등이 수행을 촉진하는 요인으로 작용한다.

높은 성과를 내는 팀의 특성을 파악해 본다. 그리고 자신의 팀도 그러한 특성을 갖도록 노력한다. 높은 성과를 내는 팀은 서로 같은 마음으로 서로를 신뢰하며, 함께 뭉쳐 일을 해내는 능력이 있고, 어떻게 일하는 게 효율적이고 효과적인지를 알고 있다.

# 19장

## 비전제시

> "비전 공유는 단순히 한 아이디어가 아니라,
> 사람들의 마음속에 있는 강력한 힘이다."
>
> ─피터 센게Peter Senge, 『The Fifth Discipline』의 저자

짐 콜린스(Jim Collins)는 『성공하는 기업들의 8가지 습관』에서, 비전 있는 기업은 BHAG(big hairy audacious goals)가 있다고 썼다. 비전은 조직의 존재이유이며, 조직의 방향을 제시한다. 비전을 제시하지 못하는 관리자는 미래에 대한 꿈과 열정, 성취동기를 직원들에게 불어넣지 못한다. 또 현실에 안주하고 능동적으로 미래를 준비하지 못한다.

한편 비전을 지나치게 강조하다 보면, 현실보다는 미래 중심으로 사고할 가능성이 높다. 따라서 관리자가 현재의 업무에 관심을 기울이지 않을 수 있다. 또 비전을 공유하고 함께 가기보다는 독단적, 지시적으로 행동할 수 있다.

# 왜 비전 있는 리더가 성공하는가

월트 디즈니는 "당신이 꿈을 꿀 수 있다면, 당신은 그것을 할 수 있다." 고 말했다. 비전이 있는 리더는 그렇지 않은 리더보다 조직에서 성공을 거둔다는 사실은 널리 알려져 있다. 이처럼 리더의 비전이 리더의 성공을 가져오는 것은 다음 두 가지 효과 때문이다.

## 자성예언 효과

자성예언 효과란 사람들에게 특정한 기대를 갖게 하면, 사람들은 그 기대의 정확성과는 무관하게 그 기대와 일치하는 행동을 하게 된다는 것이다. 조직의 리더가 명확한 비전을 제시할 때, 그 비전은 직원의 사고와 행동에 직접적인 영향을 미친다. 리더는 비전을 통해 사람들의 마음을 움직이고 그것을 현실화한다. 리더의 비전은 직원들에게 희망과 용기를 줌으로써 스스로를 실현하는 것이다.

## 피그말리온 효과

그리스 신화에 의하면, 키프로스의 조각가인 피그말리온(Pygmalion)은 아름다운 여인상을 조각하였는데, 그 여인상을 너무나 사랑한 나머지 생명을 불어넣어 달라고 비너스에게 기도하여 그 꿈을 이룬다. 이와 마찬가지로 비전이 있는 관리자는 직원들을 비전에 적합한 직원으로 만들기 위해 많은 노력을 기울인다. 직원들에게 권한을 위임하고 자율성과 책임을 부여하면, 직원들도 리더의 기대에 부응하게 되는 것이다.

## 비전을 공유하지 못하는 이유

그렇지만 리더가 비전을 제시한다 해도 직원들은 정작 비전이 있는지 없는지 모르는 경우가 적지 않다. 리더가 비전을 제시한다고 해서, 자동적으로 직원들이 그것을 이해하거나 받아들이는 것도 아니다. 많은 조직에서 비전이 겉돌거나 공유되지 못하는 이유는 뭘까?

### 꿈과 열정을 자극하지 못한다

비전이 분명히 있긴 하지만 제 기능을 발휘하지 못하는 경우가 흔하다. 그 주된 이유는 비전이 혁신적이지도 미래지향적이지도 않기 때문이다. 이러한 비전은 직원들의 꿈과 열정을 이끌어내지 못한다. 성공적인 기업들이 제시하는 비전을 보면 하나 같이 직원들의 도전 정신을 고취하고 꿈을 갖게 한다.

로버트 린치(Robert Lynch)와 토머스 워너(Thomas Werner)는 비전을 표현할 때는 다음과 같은 요소를 고려해야 한다고 말한다.

- 간결하고 기억하기 쉬워야 한다.
- 직원에게 상상을 불어넣고 도전적이어야 한다.
- 이상적인 상태에 대한 묘사여야 한다.
- 회사의 모든 이해관계자들에게 호소력이 있어야 한다.
- 미래의 사업을 서술하고 있어야 한다.

## 공감을 끌어내지 못한다

직원들이 비전에 공감하려면, 적어도 세 가지가 충족되어야 한다. 첫째, 비전에 대한 주인의식을 가져야 한다. 이는 직원들이 조직의 비전을 자신의 것으로 받아들이는 것이다. 비전은 최고경영자가 제시하거나 직원들의 참여로 만들 수도 있지만, 중요한 것은 자신의 것으로 생각해야 한다는 것이다. 둘째, 비전은 직원들에게 강력한 조직의 미래를 보여줌으로써 집단 정체성을 형성할 수 있어야 한다. 마지막으로, 직원들은 회사의 비전을 통해 성장하는 자신의 모습을 상상할 수 있어야 한다. 회사의 비전과 자신의 비전을 동일시하게 만드는 것이다. 이 세 가지 조건이 충족되지 않으면 직원들이 조직의 비전을 공감하기 어렵다.

## 비전의 효과적 작동 방법

제임스 쿠제스(James Kouzes)와 배리 포스너(Barry Posner)는 리더란 직원들이 그들 앞에 어떤 미래가 있는지를 보도록 도와주는 역할을 하는 사람이라고 정의했다. 이러한 관점에서 보면, 비전은 경영자가 제시하는 것이라 할 수 있다. 하지만 비전은 경영자 혼자서 만드는 것이 아니다. 가장 바람직한 비전은 직원들의 의견이 반영되고, 직원들과 공유되는 비전이다.

### 토론을 활용하라

토론은 비전을 공유하는 효과적인 방법이다. 토의 과정에서 "앞으로

10년 후 회사는 구체적으로 어떤 모습일까?", "회사는 앞으로 어떤 방향으로 나가야 한다고 보는가?", "앞으로의 위험 요소는 무엇이고, 기회 요소는 무엇일까?" 등의 질문을 주고받아 보자. 이러한 토의 과정은 직원들이 개념적으로만 접하는 비전을 더 많이 체감할 수 있도록 도와준다. 또 자신들의 역할에 어떠한 변화가 있을지, 무엇을 준비해야 하는지, 앞으로 구체적으로 어떤 행동을 해야 할지를 자각하는 기회가 된다는 점에서 매우 중요하다.

## 반복적으로 알려라

비전이 있더라도 전파하지 않으면 없는 것이나 마찬가지이다. 관리자는 기회가 있을 때마다 직원들에게 반복적으로 비전을 이야기하고 또 이야기해야 한다. 그리고 직원들이 항상 비전을 상기하는 분위기를 만들어야 한다. 회의를 시작하고 끝마칠 때나 공식적인 모임을 가질 때는 항상 조직의 비전을 상기하는 시간을 가져야 한다. 그래서 비전을 직원들의 무의식에 침투하도록 해야 한다.

## 비전과 직무의 연계성을 인식시켜라

대부분의 조직에 비전이 있지만 직원의 직무행동에 직접적으로 영향을 미치지 못하는 이유는, 조직의 비전이 직원들 각자의 일에 어떤 의미가 있는지를 분명히 인식하지 못하기 때문이다. 따라서 관리자는 비전과 직원들에게 주어진 임무와의 관계를 분명하게 정의하고 이해시켜야 한다.

# 비전제시역량을 개발하기 위해 이렇게 해보자

각자의 역할, 역량, 자세를 어떻게 변화시켜야 할지 토론한다. 비전은 과거나 현재로부터 조직이 어떤 모습으로 바뀐다는 변화의 의미를 담고 있다. 따라서 회사가 변화할 때, 개인 차원에서 변해야 할 것이 무엇인지 구체화하고 이미지화하는 것이 필요하다. 변화 영역별로 개인 차원의 변화 내용을 적었으면, 현재의 모습과 비교해 보라. 만일 차이가 있다면, 그 차이를 해결해야 할 과제로 표현해 본다.

| 변화 영역 | 관리자 | 직원 | 해결해야 할 과제 |
|---|---|---|---|
| 역할 | | | |
| 역량 | | | |
| 자세 | | | |

비전달성을 위한 행동의 모범을 보인다. 비전달성을 위해 관리자가 솔선수범하는 노력이 필요하다. 관리자의 영향력은 직원들의 확고한 신뢰와 원만한 의사소통에서 나온다. 당신이 모범을 보여야 하는 사항을 목록으로 작성해 보자. 목록이 다 완성되었으면, 가장 중요하고 시급한 것부터 순위를 매긴다. 먼저 1순위로 나타난 것에 대해 구체적인 실천방안을 마련한다. 같은 요령으로 다른 것들도 해보자.

| 비전 | 영역 | 시사점 | 추진 과제 |
|---|---|---|---|
|  | 역할(role) |  |  |
|  | 책무(responsibility) |  |  |

비전에 따라 구체적으로 과제를 설정한다. 비전은 매우 추상적일 수 있고 "어디로 가야 하나?"에 대해서는 말해 주지만, "어떻게 해야 하나?", "내가 무엇을 해야 하나?"에 대해서는 알려 주지 않는다. 또 직급이 낮을수록 무엇을 어떻게 해야 할지에 대한 이해가 부족하다. 자신의 역할과 책무 관점에서 비전이 제시하는 시사점을 이해하고 자신이 담당해야 할 과제를 정의해 본다.

비전에 대한 비판적인 문제제기를 생각하고 답안을 준비한다. 비전제시는 미래의 모습을 제시한다는 면에서 긍정적이기도 하지만, 과거 여러 차례 비전을 제시하고도 실천되지 않았다면 직원들이 공감하기 어려울 것이다. 따라서 비전을 설정할 때는 직원들의 참여를 통해 그들의 견해와 반대되는 의견을 검토하고 반영하는 노력이 필요하다. 이런 노력은 비전이 직원 모두의 의견을 반영한 결과라는 인식을 통해, 비전의 당위성을 확보한다는 의미가 있다.

조직의 비전과 개인의 비전이 어떻게 연결되는지 명확히 한다. 직원은 회사를 통해 자신이 어떻게 성장할지에 대해 관심을 갖고, 과연 내가 얻는 것은 무엇이며 이를 위해 어떻게 노력하고 변해야 할지 생각한다. 비전의 의미를 구체화하기 위해 다음과 같이 해본다.

- 조직의 비전이 달성되면 어떠한 변화가 올지 문장으로 써본다.
- 적은 내용들이 이루어진다는 것이 무얼 의미하는지 상상해 본다.
- 상상한 내용이 실현된다면, 구체적으로 어떤 모습일지 그려본다.
- 마음속으로 그려본 내용을 종이 위에 표현해 본다.

리더십
코칭

**비전 리더십 5계명**

조직의 비전을 제시하는 것은 관리자의 책무다. 비전 리더십이 있는 관리자는 직원들이 미래의 기회를 볼 수 있게 하고 조직을 미래 지향적인 방향으로 이끌어 간다. 관리자에게는 다음과 같은 리더십이 요구된다.

- 직원들에게 조직의 미래를 제시한다.
- 조직의 비전에 부서의 목표와 개인의 목표를 일치시킨다.
- 직원들이 자율성과 창의성을 발휘해 비전을 현실화할 수 있게 한다
- 직원들이 지속적인 자기개발을 통해 조직의 비전에 기여하게 한다.
- 조직이 실질적으로 비전을 중심으로 운영되게 한다.

# 20장

## 전략실행력

"심오한 비전, 뛰어난 전략, 수천 가지 훌륭한 아이디어가 있어도
그것을 실행하지 못하면, 결코 위대해질 수 없다."

– 짐 콜린스Jim C. Collins, 『좋은 기업을 넘어 위대한 기업으로』의 저자

실행력은 심리적 요인과 깊은 관련이 있다. 실행력이 떨어지는 관리자는 실패하면 어떡할까 하는 두려움을 느끼며, 실행 과정에서 장애에 부딪치면 거부감을 나타낸다. 이 때문에 지나치게 신중해져 과감하게 실행하지 못한다. 또 조직의 여건이나 지원 등과 같은 외부 요인이 열악하다고 판단하면 실행을 주저한다.

한편 지나치게 실행에 집중하다 보면, 반드시 고려해야 할 다양한 요소들을 간과할 수 있다. 특히 주관이 강하거나 지시형인 관리자는 다른 사람의 의견에 귀 기울이지 않고, 상황을 객관적으로 진단하지 못한다. 그래서 종종 잠재적인 실패 요인을 인지하지 못해 대응 시기를 놓친다.

## 전략실행력 리더십

비전을 세우고 이를 달성하기 위한 목표와 추진 전략을 수립하고 나면, 관리자가 해야 할 다음 과제는 전략을 실행에 옮기는 것이다. 즉 기업의 전략을 구체적인 성과로 전환하는 일이며, 이때 필요한 리더십이 바로 전략실행력이다.

미국의 대표적인 PC 생산업체인 IBM은 컴팩을 비롯한 경쟁사의 선전으로 시장을 잃어가고 있었다. 루 거스너(Lou Gerstner)가 회장으로 취임하던 1993년에 IBM은 매출 627억 달러에 순손실 81억 달러라는 참담한 실적을 올렸다. 기업 분할을 통해 변신을 꾀하지 않으면 시장에서 살아남기 어렵다는 시각이 지배적이었다.

그러나 거스너는 취임사에서 새로운 비전이나 전략을 제시하지 않았다. 오히려 그는 "IBM에 가장 필요없는 것이 비전이다. IBM에 가장 필요한 전략은 우리가 수년 동안 알고 있었던 것을 실행하는 것이다."라고 말하였다. IBM의 재건을 위해서는 새로운 비전을 제시하는 것보다 그동안 제시한 많은 비전을 실행에 옮기는 일이 더 중요하였다. 거스너는 단호한 실행과 조직의 단순화를 통해 조직의 대응력을 높이고 고객들에게 세심한 주의를 기울였다. 그 결과 거스너가 퇴임하기 1년 전인 2001년에는 매출 627억 달러에 순이익 77억 달러라는 실적을 올렸다. 이러한 IBM의 부활은 실행력의 중요성을 보여 주는 대표적 사례로 꼽히고 있다.

이러한 전략실행력은 최고경영자뿐만 아니라 사업 목표를 달성하기 위해 사업계획을 수립하고, 실행에 옮기는 모든 관리자에게도 요구된다. 한마디로 말해 실행력은 전략을 결과로 전환하는 모든 활동에 필요하다.


## 전략실행력을 강화하는 방법

래리 보시디(Larry Bossidy)와 램 차란(Ram Charan)은 『실행에 집중하라』에서 오늘날 기업이 당면한 가장 중요한 문제로 리더의 실행력을 강조하고 있다. 그들은 리더의 가장 중요한 책무이자 덕목인 실행력이 무엇인지 명확하게 설명하는 사람이 없다고 혹평한다. 오히려 실행은 직원들이 하는 것이지 관리자가 하는 것이 아니라고 생각하는 그릇된 통념이 더 큰 문제라고 지적하였다. 보시디와 차란은 실행력이란, 단순히 계획한 것을 추진하는 행동이 아니라 경영의 핵심 활동으로 보았다.

실행력은 곧 조직의 경쟁력으로 조직의 성공과 실패를 결정한다. 실행력을 효과적으로 발휘하기 위해서는 관리자가 실행에 적합한 사고와 행동을 하고, 실행을 지원하는 시스템이 갖추어져야 한다.

### 통념에서 벗어나라

관리자의 신념체계는 직원의 사고와 행동에 직접적인 영향을 미친다. 관리자의 전략실행에 대한 그릇된 통념을 변화시켜야 전략을 성공적으로 실행할 수 있다. 전략실행에 부정적 영향을 미치는 관리자들의 통념을 요약해 보면 다음과 같다.

- 비전과 전략이 좋으면 대부분 그 결과도 좋다.
- 전략을 실행하는 것은 관리자의 책무가 아니라 직원들이 할 일이다.
- 인력을 선발하고 배치하는 일은 인사부에서 할 일이지, 관리자가 할 일이 아니다.
- 성과가 낮은 직원을 내쫓는 것은 우리 정서에 맞지 않는다.
- 실적에 따라 보상을 하는 것은 옳지만 현실적으로 쉽지 않다.
- 인사평가는 사실상 요식행위에 불과하다.
- 직원들은 지시에 잘 따르기만 하면 된다.

대부분 관리자들은 관리자로서 갖추어야 할 다양한 역량을 체계적으로 학습하지 못한 경우가 많다. 변화하는 역할에 맞는 교육을 받지 못한 관리자는 자신의 경험에 근거해 독특한 관리 기법을 개발한다. 그리고 이러한 관리 기법은 일종의 통념으로 굳어져 조직과 개인의 성장을 가로막는다. 위의 통념들은 다음과 같이 바뀌어야 한다.

- 비전과 전략은 어떻게 실행하느냐에 따라서 결과가 달라진다.
- 전략을 실행하는 것은 관리자의 중요한 책무다.
- 우수한 인재를 선발하고 확보하는 것은 관리자의 몫이다.
- 자기계발의 기회를 주고 지도를 해도 성과가 낮다면, 퇴출은 불가피하다.
- 철저히 실적에 근거해 차별적 보상이 이루어져야 한다.
- 인사평가는 자료를 근거로 객관적이고 공정하게 하여야 한다.
- 부하 직원들이 자신이 보지 못한 것을 볼 수 있다.

## 뛰어난 직원을 육성해라

짐 콜린스가 강조하였듯이 좋은 기업에서 위대한 기업으로 성장하려면, '적합한 인재(right people)'를 찾아야 한다. 아무리 좋은 전략도 이를 실행할 수 있는 인력이 없으면 아무 소용이 없다. 직무능력이 뛰어난 관리자라고 하더라도 혼자서 일을 할 수는 없다. 전략을 실행하기 위해서는 이를 실행할 수 있는 우수한 인력이 필요하다. 이러한 인력을 어떻게 확보할 것인가? 외부에서 영입할 수도 있지만, 내부에서 육성할 수도 있다.

흔히 인재는 외부에 있고, 내부에 있는 직원들은 무능하다고 생각한다. 과연 그럴까? 여기 영업본부를 맡고 있는 두 유형의 고급관리자를 예로 들어보자.

- A형 관리자 : 한 달에 1~2회 해외출장을 간다. 출장 목적은 외국의 신규 고객을 확보하고, 중요한 거래를 최종적으로 성사시키는 것이다. 그는 항상 동분서주한다. 해외출장을 거의 혼자서 간다. 직원을 데려갈 생각도 해보았지만, 능력을 신뢰하지 못한다. 출장비도 적은 돈이 아니다. 해외출장을 몇 번 보내 보았지만, 해외시장의 흐름을 제대로 아는 직원이 별로 없다고 생각한다.

- B형 관리자 : 한 달에 1~2회 해외출장을 간다. 출장 목적은 외국의 신규 고객을 확보하고, 중요한 거래를 최종적으로 성사시키는 것이다. 해외출장을 갈 때면, 항상 두세 명의 직원과 동행한다. 직원을 데려가 그들이 해외영업을 현장에서 학습하고, 고객의 특성

과 거래선을 확보하는 노하우를 터득하도록 한다. 직원들이 정말 믿음직스럽다.

당신은 어떤 유형의 관리자인가? 두 유형의 관리자 사이에 근본적으로 어떤 차이가 있는가? 만일 당신이 A형 관리자라면, 다음 사실을 분명히 알아야 한다. 부하를 육성하는 책임은 관리자인 당신에게 있다. 그러나 A형 관리자는 대개 부하를 육성하는 일이 자신의 책무라고 생각하지 않는다. 그러면서도 일을 맡기기엔 직원들이 무능하다고 생각한다.

그러면 직원의 능력 부족은 누가 만든 것인가? A형 관리자는 자신의 책임을 인지하여야 한다. 해외출장은 그저 한 예일 뿐이다. 관리자는 직원을 육성하는 데 인색하지 말아야 한다. 전략을 실행하는 것은 관리자의 책무지만, 혼자서는 할 수 없는 일이다. 리더십을 효과적으로 발휘하는 관리자는 우수한 인재를 확보하는 능력도 뛰어나지만, 직원의 능력을 향상시키고 이를 직무성과에 연결할 수 있도록 지도하고 훈련하는 능력도 뛰어나다.

### 권한 위임을 통해 전략을 실행하라

『리더십 챌린지』의 저자로 잘 알려진 배리 포스너는, 일반적인 생각과는 달리 직원에게 더 많은 권한을 위임할수록 리더가 더 많은 영향력을 갖게 된다고 강조하였다. 관리자의 역할은 다른 사람들을 통해 자신이 맡은 일을 성취하는 것이다. 관리자 혼자서 일을 완수하는 것이 아니다. 이런 관점에서 보면, 권한 위임은 전략실행의 도구이자 직원의 역량을 육성하는 강력한 방법이다.

관리자가 권한을 위임했으면 직원이 위임 받은 일을 어떻게 수행하고 있는지 지속적으로 확인하고 필요한 지원을 제공해야 한다. 리더십을 효과적으로 발휘한다는 것은 이러한 지원이 넘치지도 않고 부족하지도 않도록 적절하게 관리하는 것을 의미한다. 이는 관리자가 직원과 허물없이 의사소통을 하면서 직원의 요구를 파악하고, 직원이 위임 받은 직무를 성공적으로 수행할 수 있도록 현장지도를 할 때 가능하다.

관리자가 자신의 권한을 효과적으로 위임할 수 있기 위해서는 다음과 같은 노력을 하여야 한다.

- 자신의 업무를 분석하여 직원도 수행할 수 있는 일이면 위임한다.
- 위임 받은 일을 성공적으로 완수할 수 있는 직원을 사전에 잘 파악해 둔다.
- 직원에게 권한을 위임하고, 업무수행 과정을 모니터링한다.
- 직원이 더 큰 잠재력을 발휘할 수 있는 과제를 부여한다.
- 직원들이 직무를 수행하는 데 도움이 되도록 코칭 스킬을 기른다.
- 직원들이 임무에 대한 주인의식을 갖게 만든다.

## 사회적 소프트웨어를 구축하라

새로운 기업문화를 조성하기 위해 변화와 혁신 프로그램을 운영해도 이렇다 할 변화가 일어나지 않는 경우가 있다. 경영학 교수인 보시디와 차란은 이러한 현상의 원인으로 '실행에 필요한 사회적 소프트웨어의 결여'를 지적하였다. 여기서 사회적 소프트웨어란 개방적이고 투명한 조직내 의사소통 시스템, 변화와 혁신을 주도하는 리더의 확고한 신념과 행동, 조직 전체에 영향력을 미치는 의사결정 시스템(예를 들어 경영자 평가회의나 GE의 Cession C)을 말한다.

관리자는 변화전략의 실행에 앞서 이러한 사회적 소프트웨어가 구축되어 있는지를 먼저 파악해야 한다. 사회적 소프트웨어는 조직 상하간의 의사소통을 활성화시킨다. 그리고 전략을 실행하는 방향에 대한 조직 내 합의를 이루어냄으로써 성공적 변화의 토대를 제공한다.

## 전략실행의 성과를 높이는 방안

전략이 좋다고 해서 반드시 그 성과가 좋은 것은 아니다. 그러면 왜 전략과 성과 간에 차이가 있는 것일까? 마이클 맨킨스(Michael Mankins)와 리처드 스틸(Richard Steele)은 2004년 하반기에 197개 글로벌 기업의 경영자와 임원을 대상으로 전략실행이 어느 정도 효과가 있었는지, 전략을 실행하는 데 장애가 되는 요인은 무엇인지, 이러한 장애 요인을 제거하기 위하여 어떤 노력을 하였는지를 조사하였다. 조사 결과는 매우 놀랍고 많은 점을 시사해 준다.

### 전략이 성과로 나타나지 않는 이유

조사에 응답한 기업들은 전략의 약 63% 정도만 성과로 나타났다고 보고하였다. 무려 37%가 성과로 나타나지 못하고 있는 것이다. 그리고 조사 대상 기업의 3분의 1은 달성률이 50%에도 못 미치는 것으로 나타났다. 그리고 전략이 성과로 연결되는 비율이 낮은 기업들은 다음과 같은 특징을 갖고 있었다.

- 전략실행의 장애요인들이 최고경영자에게 정확히 보고되지 않는다.
- 전략계획을 지속적으로 점검하지 않는다. 따라서 환경변화가 있어도 계획이 수정되지 않는다.
- 실제 성과와 전망치가 일치하지 않는다. 사업계획 상의 재무 전망이 부정확하기 때문에 경영진이 투자를 결정하기 어렵다.
- 전략과 성과 간의 격차가 커짐에 따라 조직문화가 점차 저성과 지향적으로 바뀐다.

그러면 전략과 성과 간의 차이를 초래하는 전략실행의 장애요인은 무엇인가? 조사에 의하면, 장애요인은 '필요한 자원이 적시에 공급되지 않는 것', '전략이 일선 직원들에게 효과적으로 전달되지 못하는 것', '리더십이나 관련 역량이 부족하거나 적절히 발휘하지 못한 것' 순으로 나타났다.

### 전략과 성과 간의 차이를 줄이는 방법

매킨스와 스틸의 조사 결과는 전략과 성과의 연계성을 어떻게 높일 것인가라는 과제를 던져주었다. 아울러 그들은 대안으로서, 전략과 성과의 격차를 최소화하기 위한 여섯 가지 방안을 제시하였다. 이들 방안은 전략적인 잠재력은 있지만 성과로 연결되지 못하는 것을 최소화하기 위한 것이다.

- 전략을 실행하기 위한 계획을 수립할 때, 시장의 실제 상황과 회사의 과거 실적에 근거를 둔다.
- 사업성과를 꾸준히 분석하여 현실성 있는 성과를 목표로 잡고, 사업계획을 시장의 변화에 맞춰 수정한다.
- 전략의 잠재력을 현실화하기 위해 계획의 우선순위를 조정한다.
- 계획 대비 성과를 지속적으로 모니터링하고, 경영진이 성과를 극대화하는 방향으로 의사결정을 할 수 있도록 지원한다.
- 전략을 실행을 하는 데 장애가 되는 요소를 최소화한다.
- 전략실행력을 향상시키기 위한 교육을 꾸준히 실시한다.

## 전략실행력을 개발하기 위해 이렇게 해보자

전략실행력을 높이기 위해 조직을 활성화한다. 조직 환경의 변화에 맞게 직원의 사고방식이나 행동방식을 변화시키고 과거의 관습에서 벗어나려는 노력이 필요하다. 이러한 노력을 통해 팀을 전략적 조직으로 만든다. 무엇을 바꿀 것인가? 개선점은 무엇인가? 변화를 주도하는 직원을 중심으로 브레인스토밍을 실시하여 개선방안을 찾아본다.

## 전략실행이 안 되면, 조직문화를 바꿔라

와튼스쿨(Wharton School)의 로렌스 레비니악(Lawrence Hrebiniak) 교수는 2003년 가트너(Gartner) 그룹에서 전략실행을 담당하고 있는 1,000명의 관리자를 대상으로 '전략실행의 장애 요인'을 조사하였다. 사전 연구에서 전략실행을 가로막는 요인으로 분석된 열두 가지 요인을 제시하고, 가장 큰 영향을 미친다고 생각하는 순서대로 선택하도록 하였다. 가장 많이 선택된 다섯 가지 장애 요인의 공통점을 분석해 본 결과, 전략실행이 안 되는 주된 원인은 조직문화에 있었다.

- 변화에 대한 저항을 극복하지 못하거나 효과적으로 관리하지 못한다.
- 전략실행이 기존의 권력집단과 갈등을 일으킨다.
- 전략실행을 맡은 개인이나 단위사업부 간에 정보공유가 미흡하다.
- 전략실행 결정이나 실행 과제에 대한 의사소통이 부족하다.
- 전략이 부실하고 모호하다.

관리자의 생각과 직원의 생각을 일치시킨다. 직원들에게 새로운 사업의 구체적인 실행계획을 소개하였다고 가정해 보자. 직원들에게 백지 위에 계획을 실행하기 위해 필요한 관리자의 리더십, 직원들의 육성 요구사항, 예상 문제점, 해결방안, 기타 희망사항을 적게 한다. 그 다음은 관리자 역시 같은 다섯 가지 내용에 대해 적어 본다. 모두 작성하였으면, 관리자의 생각과 직원들의 생각을 비교해 본다. 같은 의견과 차이를 보이는 의견이 무엇인지 찾아본다. 그리고 왜 그러한 차이가 나타났으며, 어떻게 하면 차이를 해소할 수 있는지 토의한다.

**단합회의를 추진한다.** 단합회의에서 직원들의 헌신을 유도하기 위해 어떤 식으로 발언할지 생각해 보라. 발언 내용의 큰 골격을 중심으로 주제의 흐름을 정리해 보자.

- 인사말을 한다. 되도록 자신을 낮추고 겸손하게 인사말을 시작한다.
- 부서원의 노력과 헌신에 대해 칭찬한다. 특정인을 지명하면서 노고를 치하할 수도 있으나, 모든 직원의 노력을 더 강조한다.
- 전략목표가 무엇인지 명확하게 전달한다. 단순히 전달하는 것이 아니라 직원들이 이해할 수 있는 언어로 설명한다.
- 전략목표를 달성하는 과정에서 자신이 가장 중요하게 생각하는 '핵심 가치'가 무엇인지 반드시 제시한다. 가치는 직원들을 정신적으로 결속시키며 직무행동의 기준이 된다.
- 부서원의 적극적인 헌신과 지원을 요청한다. 직원의 헌신과 열정이 계획을 달성하는 열쇠라는 점을 강조한다.
- 마무리 인사를 한다.

**전략실행의 권한을 위임한다.** 관리자가 직원에게 권한을 위임하는 것은 실행력을 높일 뿐만 아니라 직원의 역량을 육성할 수 있다. 권한을 위임할 때는 다음과 같은 절차를 따른다.

- 자신의 담당 업무를 분석하여, 다음 표의 업무란에 기록한다.

- 담당하고 있는 업무를 세분화한 후에 각 업무별로 위임이 가능한 지를 위임 불가, 분담, 위임으로 구분하여 판단한다.
- 위임이 가능한 업무는 어느 정도까지 위임하는 것이 적절한지를 결정한다.
- 위임 받을 직원이 있는지 확인한다. 위임 받을 만한 적당한 직원이 없는데도 임의로 위임하는 것은 매우 위험하다. 위임은 직원을 육성하는 것과도 관련이 있음을 상기해야 한다.
- 위임할 경우를 대비하여 위임 사항을 어떻게 점검할지 정한다. 위임 사항의 관리에는 주요 확인 사항, 점검 기간, 요구사항에 대한 조치방법, 직원 육성을 위한 지도 방법 등이 포함된다.

| 업무 | 위임 결정 | | | 위임 범위 | 위임 대상 직원 | 점검 사항 |
|---|---|---|---|---|---|---|
| | 불가 | 분담 | 위임 | | | |
| | | | | | | |
| | | | | | | |

권한 위임에 대한 거부감을 갖지 않는다. 당신도 거부감을 가지고 있는지 확인해보라. 만일 해당되는 것이 있으면 오른편의 해결방안을 활용할 것을 권한다. 관리자의 거부감은 전략을 효과적으로 실행하는 데 결정적인 장애 요인으로 작용할 수 있다. 이러한 관리자는 직원의 역량을 효과적으로 활용하지 못하고, 그들의 역량을 육성하기 위한 노력을 소홀히 하는 경향이 있다.

| 권한 위임에 대한 거부감의 이유 | 해결방안 |
| --- | --- |
| 직원에게 위임할 과제를 설명하고, 지도할 시간이 부족하다. | 직원을 육성하는 일이 장기적으로 직무수행의 효율성을 높인다는 생각을 해본다. |
| 내가 맡은 일은 완벽하게 마무리해야 한다. | 맡은 일을 쪼개어 위임하고, 업무 진행을 모니터링하고 필요한 지도를 한다. |
| 나만이 할 수 있는 일을 위임하는 것은 적절하지 않다. | 일보다는 지도와 같이 관리자의 역할을 통해 만족을 얻을 가능성을 탐색해 본다. |
| 직원의 직무 수행 능력을 확신할 수 없다. | 위임이 가능한 직무를 찾아 시도해 보고, 업무수행 과정에서 필요한 코칭을 한다. |
| 직원이 위임하는 일을 완벽하게 수행할 수 있을지 불안하다. | 일을 수행하는 데 장애가 될 만한 요인을 찾아 관리하고, 직원을 육성하는 차원에서 위임을 시도한다. |
| 직원에게 권한을 위임해 본 적이 없다. | 권한을 위임하는 스킬을 학습한다. |
| 권한을 위임하면, 타인이 나의 능력을 의심할지 모른다. | 권한 위임은 직원 육성과 성과 관리에 효과적인 도구임을 인식한다. |

출처 : Gebelein, S. H. et al. (2000). *Successful Manager's Handbook*. PDI. p. 258.

# 에필로그

# 리더십 개발을 위한 5가지 코칭 포인트

"스스로 성장하길 원하고 타인의 피드백을 받고,
자기계발 계획을 실천하는 관리자는 발전하게 되어있다."

– 마셜 골드스미스Marshall Goldsmith, 「포브스」가 선정한 미국 top 5 코치 가운데 한 사람

 

 

리더십 개발의 본질은 행동변화에 있다. 이 책에서는 기존 리더십 책들과는 달리 구체적인 행동변화에 초점을 맞춰 리더십 개발 방법을 제시하였다. 특히 자기진단을 통해 드러난 부족한 리더십을 효과적으로 개발하기 위한 상세한 실천 프로그램을 제공하였다.

마지막으로 필자가 그동안 수 많은 기업체 관리자들을 대상으로 리더십 코칭을 해오는 과정에서 느낀 몇 가지 조언을 제시하고자 한다. 여러분 자신의 리더십 행동을 돌아보고 새로운 리더십을 개발하는 계기로 활용하기를 바란다.

# 탐구형 리더가 되라

필자는 많은 관리자를 대상으로 리더십을 360도 진단하고, 그 결과를 토대로 그룹코칭 및 일대일 코칭을 해왔다. 개인별로 진단 결과 보고서를 전달한 뒤 진단 결과에 대한 반응을 관찰해 보면, 대개 세 가지 유형으로 나뉘어 진다.

첫째는 탐구형이다. 이 유형의 관리자들은 자신의 리더십에 대해서 과연 타인들(상사, 동료, 직원)은 어떠한 의견을 주었는지 적극적으로 살펴본다. 자신에 대해 스스로 생각했던 것과 타인의 생각을 비교하고 차이가 어디에 있는지, 그러한 시각차이의 원인이 무엇인지 이해하려고 한다. 자신을 객관적으로 관찰할 수 있는 좋은 기회로 생각하며, 변화 포인트가 무엇인지 찾으려고 한다.

둘째는 거부형이다. 이 유형의 관리자들은 진단 결과를 이해하려 하기보다는 결과 그 자체를 부정하고 수용하지 않으려 한다. 이런 관리자들은 "이번 리더십 진단은 문제가 많아. 우리 조직의 특성에 맞지 않는 것도 많더군.", "진단 문항을 보니까, 상당히 추상적이고 무엇을 말하는지 모르겠더라고.", "진단 결과를 보면, 나의 리더십을 제대로 측정하지 못했어.", "내가 나를 가장 잘 알지. 몇 개 문항만으로 조사하는 진단지로 관리자의 리더십을 안다는 것은 무리지." 등의 비판을 쏟아낸다.

셋째는 점진적 수용형이다. 이 유형의 관리자들은 대개 처음에는 거부형의 관리자처럼 진단 결과를 부정하다가 나중에 이를 받아들인다.

이 유형의 관리자들은 "그래도 다른 사람들이 나를 어떻게 이해하는지, 그들의 의견이 무엇인지를 아는 것도 사실 중요하지."라고 말하며 진단결과를 수용한다.

경쟁력 있는 리더로 성장하려면 탐구형이 되어야 한다. 탐구형은 다른 유형과는 달리 자신의 행동을 변화시키겠다는 강한 신념이 있다. 행동은 신념의 표현이다. 자신의 행동변화에 대해 긍정적인 신념을 지닌 관리자는 결과에 대해서도 낙관적이다. 그러나 부정적인 신념을 지닌 관리자는 행동변화 자체를 꺼리거나 방어적인 태도를 보인다.

## 자기 성공신화에서 벗어나라

국내기업에서 신입직원이 관리자로 성장하는 예를 보면, 개인의 업무능력과 성과를 중요한 승진요인으로 고려한다. 그러나 개인의 리더십이나 직무역량은 덜 고려하는 편이다. 한 마케팅 회사의 직원이 관리자로 승진하는 과정을 통해 일부 관리자의 리더십 문제점을 살펴보자.

A기업 신상품개발부서의 김부장은 마케팅부 과장으로 있을 때, 뛰어난 기획력과 실행력으로 10% 수준이었던 B상품의 시장점유율을 15%로 끌어올리는 데 기여했다. 이러한 실적은 틈새시장을 정확히 분석하고, 전략적인 접근을 시도한 그의 기획력에 의해 이루어진 것이다. 회사는 그의 역량과 실적을 인정하고, 신상품개발부서의 차장으로 발탁하였다. 그는 얼마 전 또 다시

부장으로 승진하였다. 김 부장의 리더십 360도 진단 결과를 보면, 타인의 생각이나 감정을 배려하지 않고 일방적으로 업무지시를 하고, 직원의 의견을 경청하는 듯하나 수용하는 경향이 낮은 것으로 나타났다. 자기 자신의 리더십에 대해서는 타인의 의견보다 더 긍정적으로 평가하였다. 이런 경향은 리더십을 구성하는 모든 하위역량에서도 동일하게 나타났다. 진단 결과에 대해 피드백을 주는 과정에서 그의 반응은 '거부형'이었다.

김 부장이 관리자로 성장해 온 모습은 그가 우수한 인재인 것처럼 보인다. 그러나 김 부장을 성공하는 리더, 직원들이 본받아야 하는 이상적인 리더라고 볼 수 있을까? 또 그가 나중에 임원으로까지 계속 성장할 수 있을까? 김 부장에게는 겉으로 유능해 보이는 관리자들에게서 발견되는 공통된 문제점들이 있다.

첫째는 관리자가 자기 논리에서 벗어나지 못하는 점이다. 관리자가 조직에서 승진할수록 자신의 관리방식이 조직에서 인정받은 것이므로 그것을 고집한다. 자신의 관리방식이 직무성과를 낳았고, 그 성과를 조직이 인정했으므로 승진한 것이라고 본다. 따라서 관리자는 자신의 관리방식이 최고라는 확신이 있다. 그리고 지위가 올라갈수록 그의 관리방식은 더욱 강화된다. 이처럼 관리자가 자기 논리에 빠지면 타인의 의견을 수용하기 어렵다. 다른 사람의 말에 귀 기울이지 않고 독단적으로 행동하게 된다.

둘째는 자신의 역량을 과신하고, 자신의 성공 스토리가 다른 직무에서도 가능하다고 믿기 쉽다. 하지만 기존 직무와 전혀 다른 직무가 주어질 경우 관리자는 심각한 어려움을 겪을 수 있다. 만일 스스로 역량이 부족하다고 여기면, 새로운 변화를 시도하는 데 두려움을 느낄 것이다. 변화를 수용하고 주도하던 자세가 자기 방어적인 자세로 바뀌게 된다. 역량 있는 인재가 무너지는 것은 순간이다.

## 역할에 맞는 리더십을 길러라

미국 컨설팅 회사인 DDI는 '성공적인 리더십을 위한 청사진(A blueprint for leadership success, 2004)'이라는 보고서에서 조직에서 관리자들이 어떤 역할을 하는지에 따라 차별적인 리더십을 발휘해야 한다고 제안했다. 조직의 가장 하위에 있는 일반 직원들은 공식적인 리더로서의 지위를 갖고 있지는 않지만, 타인과 관계를 형성하면서 일을 한다는 점에서 기초적인 리더십을 필요로 한다. 과장급의 초급관리자들은 실행계획에 담긴 각종 직무들을 직원들이 성공적으로 수행할 수 있도록 인적자원을 관리하는 역할을 맡는다. 이들 리더는 직원들이 협동적이며 경쟁적인 관계를 유지하도록 조직분위기를 만들어야 한다. 이들에게는 특히 의사소통 능력과 문제해결 능력이 요구된다. 차장이나 부장과 같은 중급관리자는 조직비전과 경영전략을 구체화하고 이를 실행할 수 있는 능력이 필요하다. 이들은 비전과 경영목표 달성을 위한 구체적인 실행계획을 세우고, 이를 주도적으로 실천해야 한다. 이를 위해서는 코칭과 팀워크를 효과적으로 활용해야 한다. 임원이나 CEO와 같은 고급관리자들은 전략적 리더로서 조직을 이끌기 위한 거시적인 사고와 행동을 보여야 한다.

이처럼 직급의 상승에 따라 차별화된 역할 변화를 정의하고, 각 역할에 따라 필요한 직무역량과 리더십을 규명하는 작업은, 인재성장을 위한 역할모델을 제시하는 면에서도 매우 중요하다. 역할별 요구역량은 기업의 계층구조적 특징이나 규모에 따라 차이가 있다. 그러나 관리자가 자신의 역할에 맞는 리더십 행동을 보이지 못하면, 개인은 물론이고 조직의 효과성마저도 기대하기 어렵다. 조직은 역할별로 요구되는 리더십 행동이 무엇인지 명확히 정의하고, 관리자들이 학습하고 개발할 수 있도록 지원해야 한다.

## 나무가 아닌 숲을 보라

다섯 명의 장님이 있었다. 이들은 코끼리를 만져 보도록 안내되었고, 각자 코끼리를 만져 보고 나서 과연 코끼리란 어떤 동물인지에 대해서 묘사하도록 했다. 귀를 만져 본 장님은 "배의 돛과 같다.", 코를 만져본 장님은 "긴 양말 같다."와 같이 장님들은 각각 다른 설명을 하였다. 장님들이 같은 코끼리를 만지고도 왜 서로 다른 이야기를 하는 것일까? 아마도 이런 대답들이 나올 수 있을 것이다.

- 부분만 만져 보고 전체를 만져보지 못했기 때문이다.
- 자기가 알고 있는 것을 확신하기 때문이다.
- 부분으로 전체를 일반화하여 설명하려고 하기 때문이다.
- 자기가 아는 것만으로 이야기를 하기 때문이다.

- 만져 본 것이 가장 정확하다고 생각하기 때문이다.
- 처음 만져 보는 동물이라 잘 모르기 때문이다.

당신은 어떻게 생각하는가? 나는 장님들이 스스로 장님이라는 사실을 깨닫지 못하기 때문이라고 생각한다. 자신이 장님이라는 점을 인식하고 자신의 의견을 말한다면, 아마 이렇게 말했을 것이다. "내가 만져 본 바로는 딱딱한 막대기같이 생겼네, 자네는 어떻게 생각하나? 그렇군. 우리 이야기들을 종합해 보니 코끼리는 이러저러하게 생긴 것 같군."

장님들이 코끼리를 묘사한 내용은 부분에 대한 묘사라는 점에서 보면 모두 맞다. 그러나 코끼리 전체의 모습을 기준으로 보면, 장님들의 묘사는 틀린 것이다. 다시 말해 장님들의 코끼리에 대한 판단은 상대적이다. 부분으로는 맞지만, 코끼리 전체의 관점에서는 틀렸다. 장님들은 전체를 놓치고 있다. 그들이 자신의 시각적 한계를 고려했다면, 코끼리의 전체 모습을 알 수 있는 방법을 찾았을 것이다.

리더는 부분이 아닌 전체를 볼 수 있는 능력이 있어야 한다. 그러면 어떻게 전체를 볼 수 있을까? 그것은 내가 지닌 한계가 무엇인지 올바로 이해할 때 가능하다. 자신의 한계를 정확히 알고 있는 사람만이 전체를 볼 수 있다. 타인은 내 한계에 대한 정보를 주는 사람들이다. "내 문제점이 무엇인가?" 성공하는 리더로 성장하려는 사람은 이 질문에 대한 답을 타인에게서 찾아야 한다.

## 자기 자신을 칭찬하라

행동주의 심리학자들은 행동변화를 이끄는 효과적인 방법은 원하는 행동을 칭찬을 통해 강화하는 것이라고 한다. 칭찬은 특정행동을 강화하는 효과가 있다. 그런데 많은 관리자들은 칭찬을 타인에 대한 동기부여 수단으로만 생각한다. 즉 칭찬이란 직원이나 타인에게만 하는 것으로 생각한다.

그렇지만 자신에 대한 칭찬도 중요하다. 자신에 대한 칭찬은 자신의 리더십 행동이 바람직하고 효과적이라는 점을 스스로가 인정해 주는 것이다. 스스로를 칭찬하는 것은 리더십 개발 측면에서 중요한 의미가 있다.

첫째, 자존심을 높여준다. 사람들은 칭찬을 받을수록 자존심이 높아진다. 이는 스스로를 칭찬하는 경우에도 마찬가지이다. 그리고 자존심이 높은 사람은 자신의 능력에 대해 긍정적인 인식을 갖는다. 모리스 로젠버그(Morris Rosenberg)의 연구 결과를 보면, 자존심이 강한 사람들은 자신의 능력에 대해, "나는 ～을 할 수 있다. 나는 스스로에 대해 만족한다."고 생각한 반면 자존심이 낮은 사람들은 자신의 능력을 부정적으로 생각했다.

둘째, 자기확신을 강화시킨다. 리더십 역량을 지니고 있다고 해서 모두 행동으로 나타나는 것은 아니다. 효과적인 리더십 발휘를 위해서는 자신의 행동에 확신이 있어야 한다. 제니퍼 캠벨(Jennifer Campbell)은 자존심이 강한 사람과 낮은 사람이 지각하는 자기확신에 차이가 있음을 밝혔다. 자존심은 자신의 리더십 행동에 대한 확신을 강화시킨다. 확신은 특정 행동이 일어날 수 있는 가능성에 대한 심리적 크기를 나타낸다. 따라서 확신이 강할수록 그 행동을 보일 가능성이 높아지는 것이다. 결과적으로 행동은 의도한 대로 나타난다.

셋째, 다른 리더십 역량의 개발을 촉진한다. 리더십 역량의 특성 가운데 하나는 역량의 일반화 현상이다. 예를 들어 창의성이 뛰어난 리더는 문제해결력도 뛰어날 가능성이 높다. 이는 하나의 리더십 역량에서 뛰어난 사람은 다른 역량도 효과적으로 발휘하려고 노력하기 때문이다. 칭찬을 통해 강화된 자기확신은 다른 리더십 역량을 개발하는 데도 긍정적인 효과를 미친다.

| 참고 문헌 |

Bennis, W.(1989), *On becoming a leader*, MA : Addison-Wesley.

Berger, L. A. & Berger, D. R.(2004), *Talent management*, NY : McGraw-Hill.

Bossidy, L. & Charan, R.(2002), *Execution : The discipline of getting things done*, NY : Crown Business.

Burke, W. W.(2002), *Organization change : Theory and practice*, London : Sage Publications.

Collins, J.(2001), *Good to great : Why some companies make the leap and others don't*, NY : Harper-Collins Publishers Inc.

Collins, J. & Porras, J. I.(2002), *Built to last? : Successful habits of visionary companies*, NY : Harper-Collins Publishers Inc.

Cooper, R. K. & Sawaf, A.(1997), *Executive EQ : Emotional intelligence in leadership and organizations*, NY : A Perigee Book.

Finkelstein, S.(2003), *Why smart executives fail*, NY : Portfolio.

Fisher, R. & Ury, W.(1981), *Getting to yes : Negotiating agreement without getting in*, BO : Houghton Mifflin Company.

Fredman, C. & Rogers, P.(2002), *The top 20 companies for leaders : Where tomorrow's CEOs are being trained*, CEO Magazine.

Goldsmith, M., Lyons, L. & Freas, A.(2000), *Coaching for leadership*, San Francisco : Jossey-Bass/Pffiffer.

Goleman, D.(1995), *Emotional intelligence*, NY : Bantam Books.

Hrebiniak, L.(2005), *Making strategy work : Leading effective execution and change*, NY : Wharton School Publishing.

Kouzes, J. M. & Posner, B. Z.(1999), *The leadership challenge : How to keep getting extraordinary things done in organizations*, San Francisco :

Jossey-Bass.

Lombardo, M. M. & Eichinger, R. W.(2002), *The leadership machine*, Lominger Limited. Inc.

McCall, M. W.(1998), *High flyers : Developing the next generation of leaders*, MA : Harvard Business school Press.

McCall, Jr. M. W. & Lombardo, M. M.(1983), *Off the track : Why and how successful executives get derailed*, Technical Report(No. 21).

McKay, M., Davis, M. & Fanning, P.(1995), *Messages : The communication skills book*, CA : New Harbinger Publications, Inc.

Mears, P. & Voehl, F.(1994), *Team Building : A structured learning approach*, FL : St. Lucie Press.

Morgan, H., Harkins, P. & Goldsmith, M., Eds.(2005), *The art and practice of leadership coaching*, NJ : John Wiley & Sons, Inc.

Quinn, R. E., Faerman, S. R., Thompson, M. P. & McGrath, M. R.(2003), *Becoming a master manager : A competency framework*, NY : John Wiley & Sons, Inc.

Reck, R. R. & Long, B. G.(1987), *The win win negotiator*, MI : Spartan Publication, Inc.

Scholtes, P. R.(1998), *The leader's handbook : A guide to inspiring your people and managing the daily workflow*, NY : McGraw-Hill.

Tony, C., Best, B. & Casteren, P. V.(2003), *Executive coaching : Exploding the myths*, NY : Palgrave Macmillan.

Weiss, D. H.(1999), *The self-management workshop*, NY : AMACOM.

Welch, J. & Welch, S.(2005), *Winning*, NY : Harper Business.

Yukl, G. & Lepsinger, R.(2004), *Flexible leadership : Creating values by balancing multiple challenges and choices*, NY : Jossey-Base/Pfeiffer.

Zartman, I. W.(1978), *The negotiation process : Theories and applications*, Beverly Hills, CA : Sage.